Pe. Guillermo D. Micheletti

Celebrar o ano litúrgico

Páscoa
e
Pentecostes

Editora
AVE-MARIA

© 2013 by Editora Ave-Maria. All rights reserved.
Rua Martim Francisco, 636 – 01226-000 – São Paulo, SP – Brasil
Tel.: (11) 3823-1060 • Fax: (11) 3660-7959
Televendas: 0800 7730 456
editorial@avemaria.com.br • comercial@avemaria.com.br
www.avemaria.com.br

1. ed. – 2013

ISBN: 978-85-276-1413-9

Capa: Bruno Dias

**Dados Internacionais de Catalogação na Publicação (CIP)
Angélica Ilacqua CRB-8/7057**

Micheletti, Guillermo D.
Celebrar o ano litúrgico: Páscoa e Pentecostes / Guillermo D. Micheletti. – São Paulo: Editora Ave-Maria, 2013. 104 p.

ISBN: 978-85-276-1413-9

1. Ano litúrgico 2. Celebrações Litúrgicas 3. Páscoa
4. Pentecostes I. Título

13-00127   CDD 242.2

Índice para catálogo sistemático:
1. Ano litúrgico: Páscoa e Pentecostes   242.2

Diretor Geral: Marcos Antônio Mendes, CMF
Diretor Editorial: Luís Erlin Gomes Gordo, CMF
Gerente Editorial: J. Augusto Nascimento
Editor Assistente: Valdeci Toledo
Preparação e Revisão: Ligia Terezinha Pezzuto e Maurício Leal
Diagramação: Ponto Inicial Estúdio Gráfico e Editorial
Produção Gráfica: Carlos Eduardo P. de Sousa
Impressão e acabamento: Gráfica Ave-Maria

A Editora Ave-Maria faz parte do Grupo de Editores Claretianos (Claret Publishing Group).
Bangalore • Barcelona • Buenos Aires • Chennai • Macau • Madri • Manila • São Paulo

Sumário

A Páscoa e Pentecostes no ano litúrgico 5

O sentido litúrgico e teológico do Sacro Tríduo Pascal 7

O Tríduo Pascal na teologia litúrgica da Páscoa 15

A Palavra de Deus no Tríduo Pascal 21

Comentário sobre o Tempo Pascal 35

A Palavra de Deus no Tempo Pascal 41

Como celebrar o Tríduo Pascal, a Páscoa (Ascensão
e Pentecostes) 85

Sugestões litúrgico-catequéticas para a celebração 89

Bibliografia de referência 99

A Páscoa e Pentecostes no ano litúrgico

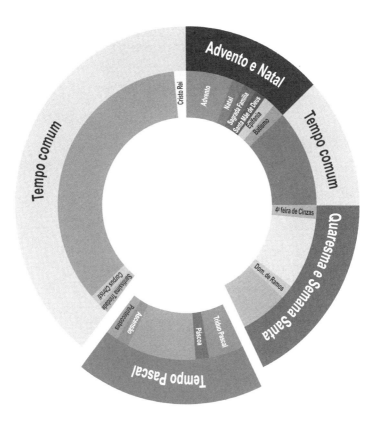

O SENTIDO LITÚRGICO E TEOLÓGICO DO SACRO TRÍDUO PASCAL

"Ó grande e Santa Páscoa, expiação do mundo inteiro! Eu te falo como a um ser vivo".
(Gregório de Nazianzo, Oratio, 45.30)

Fides christianorum resurrectio Christi est ("a ressurreição de Cristo é a fé dos cristãos").
(Santo Agostinho)

O Tempo da Quaresma termina na Quinta-Feira Santa, antes da Ceia. Temos, portanto, três dias de celebrações da Semana Santa: segunda-feira, terça-feira e quarta-feira (podemos incluir a quinta-feira de manhã, quando, tradicionalmente, a Igreja celebra a Missa Crismal),[1] antes de entrarmos no Tríduo Sacro, com

---

[1] Na Quinta-feira Santa, de manhã, o Bispo diocesano reúne-se com seu presbitério na catedral da diocese para concelebrar a Missa em que abençoa os óleos para a celebração, em todas as paróquias da Diocese, dos Sacramentos do Batismo (óleo dos catecúmenos), da Unção dos Enfermos e da Crisma. Assim também na celebração o Bispo exorta publicamente os presbíteros a serem fiéis a seu ministério e os convida a renovar as promessas sacerdotais (cf. *Missal Romano*, Paulus 1992, p. 235-246).

o qual iniciamos as celebrações pascais, pois o mistério da paixão, morte e ressurreição de Jesus se constitui numa *inseparável unidade*.

O Tríduo Pascal da paixão e ressurreição do Senhor tem início com a missa da Ceia do Senhor (*in Coena Domini*), o seu fulcro é a Vigília Pascal e o encerramento se dá nas vésperas do Domingo da Ressurreição.

A liturgia do Tríduo Pascal baseia-se na unidade do mistério pascal que consta inseparavelmente da morte e ressurreição de Cristo. Cada celebração do Tríduo Pascal requer a outra e se abre para a seguinte, tal como a ideia de ressurreição supõe a da morte, e a da morte, o sofrimento. O centro de gravitação das celebrações dos três dias é a Vigília Pascal com a renovação das promessas batismais e a celebração eucarística. Em síntese, o Tríduo Pascal é a páscoa celebrada em três dias.[2]

Durante o Tríduo Pascal, a liturgia segue os passos do Senhor mais de perto ainda do que no tempo da Quaresma. O Tríduo é o grande drama do sofrimento "inocente" *aceito e doado* pelo Senhor, desenvolvido em forma celebrativa.

Por isso, tendo celebrado a instituição da Ceia na tarde da Quinta-Feira, a Igreja não voltará a celebrar a Eucaristia até a noite pascal, assim como Jesus não voltará a celebrá-la até que não o faça gloriosamente no Reino de Deus (cf. Mateus 26,29; Marcos 14,17-25; Lucas 22,14-23). Assim, no dia em que o sacrifício de Jesus Cristo está mais central do que nunca, a liturgia não celebra o sacrifício da Missa, mas uma evocação de Sua morte cruel e violenta (*die amaritudinis* = o dia da grande

---

2 Cf. Augusto BERGAMINI, "Tríduo Pascal", in *Dicionário de Liturgia*, Paulinas, São Paulo 1992, p. 1199.

amargura, como diz Santo Ambrósio), que não deixa de estar em íntima união à Missa de Quinta-feira Santa, já que o pão consagrado ontem é consumido hoje.[3]

A respeito do Sábado Santo, é importante observar alguns aspectos particulares de sua espiritualidade. Na verdade, não é que se fale demasiado do Sábado Santo no ano litúrgico; dá a impressão de que nele "não acontece nada". Não há nesse dia cerimônias especiais; impera mais a sensação de vazio e de espera; de espera como "algo vai acontecer". No entanto, na experiência da vida, pode-se dizer que os cristãos vivem ou experimentam em alguns dias seu "próprio sábado santo"; dias em que conhecerão a força de uma perda "esmagadora", quem não o experimentou! Quando toda esperança e toda segurança humana morrem e já não existem caminhos para achar luz e seguir adiante, poderão assim começar a experimentar o propósito pedagógico do silêncio do Sábado Santo.

O Sábado Santo leva a colocar-nos cara a cara com a escuridão e a crescermos na esperança depositada não em nossas forças senão naquele que é o Vivente. Na verdade, sem o Sábado Santo de nossa vida, ninguém poderá verdadeiramente experimentar algum crescimento espiritual.

Passamos, olhamos e entramos na igreja vazia e silenciosa... Apenas nos lembraremos da Sexta-feira Santa, quando as seguranças ficaram "destroçadas". Nós confiávamos nele, mas agora Ele está morto. Sozinhos e despojados, do coração perguntas vêm à tona. Será que fomos abandonados, deixados sozinhos neste mundo; nada de firme e seguro fica para nós? Onde está esse Jesus que caminhou conosco na terra? Onde

---

3 Cf. Johan KONINGS, *Liturgia Dominical*, Vozes, Petrópolis 2003, p. 88-91.

está esse Jesus que nos entendia? Onde ficou tão humilhado, impotente, oprimido pelo opressor? Sem Jesus não temos ponte alguma com seu Pai, já que Jesus é o Caminho, a Verdade e a Vida. Sem Jesus não há critério de medida para nós sabermos quem somos; sem o modelo de Jesus não dá para saber se crescemos ou não no amor de Deus.

Vivendo neste silêncio que só Jesus pode preencher, nós nos armamos de coragem para chegar à Vigília Pascal, até que o presidente da celebração ou o diácono entoe exultante o pregão pascal e assim toda escuridão será preenchida da Luz "esplendorosa" do Senhor. Eis a essência do Sábado Santo. Então ficará claro que a perda é ganância e o silêncio, mensagem renovada do Deus da Vida.[4]

Notícias curiosas da história do Tríduo e da Vigília Pascal

Nos primeiros anos das comunidades cristãs, existia pouca coisa organizada a respeito da Vigília Pascal. As comunidades passavam a noite toda reunidas, particularmente do sábado para o domingo na festa anual da Páscoa. Nessa reunião, à luz do mistério pascal, liam-se textos bíblicos relativos à história da salvação, misturando-os com cantos de Salmos e hinos bíblicos, para, logo depois, celebrar-se a Ceia pascal.

Portanto, inicialmente eram duas as componentes da Vigília: A leitura da Palavra de Deus e a celebração da Ceia. Logo depois (aproximadamente nos séculos II e III) foi acrescentada a celebração do Batismo, antecipada com uma bênção

---

4 Reflexão inspirada em Joan CHITTISTER, *El Año Litúrgico*, Sal Terrae, Santander 2010, p. 147-151.

de água e outros elementos (não romanos) como o rito do fogo e o do círio no começo da Vigília.

Toda a Vigília começava na quinta-feira à noite, precedida de um jejum de três dias. Os que jejuavam, obrigatoriamente, eram os catecúmenos (pessoas que se preparavam para celebrar o Batismo).

Mas, à medida que o tempo foi passando, foram se valorizando outros aspectos "históricos" dos últimos dias da vida terrena de Jesus: o lava-pés, a traição de Judas, a condenação, o caminho do sofrimento. Infelizmente, com isso, os cristãos foram se afastando paulatinamente do sentido profundo da Vigília Pascal. Resultado: a Vigília foi se esvaziando e, com isso, o povo perdeu o sentido profundo do mistério pascal que celebrava, para passar a colocar em destaque "os dramas" da Sexta-feira Santa, da paixão...

Para tentar resolver este "sério" problema litúrgico/catequético, a Igreja resolveu antecipar a Vigília para as 13h ou 14h do Sábado Santo. Para depois, no século XII, antecipá-la mais ainda, para as 11h ou 12h. No século XVI, com o Papa Pio V, a Vigília Pascal vai ser antecipada ainda mais, para as 9h da manhã! Claro, como se percebe, tudo isso levou a terríveis incongruências; pois em plena luz do sábado santo (9h) o diácono entoava a proclamação pascal diante do Círio aceso: "Ó noite santa esta, iluminada pela luz da ressurreição...". Onde essa noite estava às 9h da manhã?

Ainda, celebrando a Vigília Pascal às 9h, lembrando o dia do "repouso" de Cristo na sepultura, depois do vitorioso e glorioso combate da cruz, a Igreja ora em silêncio, para meditar o mistério salvífico da descida de Cristo à mansão dos mortos, para anunciar-lhes a salvação... De repente a igreja irrompe com o solene canto do "Aleluia!". Eis por que os cristãos passaram – erroneamente – a chamar o Sábado Santo de "sábado de aleluia".

Em 1951, o papa Pio XII restabeleceu a celebração da Vigília à forma das origens, a saber, na noite do Sábado Santo para o Domingo da Páscoa. Anos depois, a reforma litúrgica do Concílio Vaticano II confirmou o que ficara estabelecido por aquele papa.[5]

Notícias da história sobre a Proclamação pascal (Precônio)

A "proclamação pascal", originalmente chamada de *"praeconium paschale"*, toma o nome do antigo rito solenemente cantado na liturgia romana. Foi chamada também de "bênção do Círio", já que em Roma foi ligada ao "fogo novo", ou seja, ao fogo que, aceso como "renovada luz", acendia as lâmpadas nas basílicas romanas conservadas acesas desde a quinta-feira precedente.

O rito era conhecidíssimo no Oriente (provavelmente daí passou para Roma);[6] ele nada mais era do que uma forma solene do rito do lucernário, que em Roma não era de uso corrente, mas que foi acrescido de elementos estrangeiros em relação à

---

5 Cf. BERGAMINI, "Tríduo Pascal", in *Dicionário de Liturgia*, p. 1198-1202; Ariovaldo da SILVA, "Em torno do Tríduo e da Vigília Pascal", *in* CNBB, *Liturgia em Mutirão. Subsídios para a formação*, Edições CNBB, Brasília 2007, p. 29-31; Salvatore MARSILI, *Sinais do Mistério de Cristo. Teologia litúrgica dos sacramentos, espiritualidade e Ano Litúrgico*, Paulinas, São Paulo 2010, p. 523-525.

6 Sabe-se que em Jerusalém todas as noites acendiam-se as velas da enorme lâmpada que ardia permanentemente no interior do Santo Sepulcro.

Vigília Pascal, em vista da evidente relação entre a nova luz que destrói/dispersa as trevas da noite e Cristo ressuscitado como "nova luz" do mundo.

Não sendo suficiente acolher a luz com a aclamação "Eis a luz de Cristo" e a assembleia respondendo "Demos graças a Deus" (*Lumen Christi – Deo gratias*), adotou-se o uso de acompanhar o rito com uma "louvação do Círio". Sabemos que, desde o século IV isto se realizava de forma solene, por uma informação atribuída a Santo Agostinho, segundo o qual ele mesmo compôs em versos um "louvor ao Círio" (*Laus Cerei*).[7]

Podemos, sim, confirmar a existência do rito mais ou menos institucionalizado, segundo o *Sacramentário Gelasiano*, nos séculos VII-VIII.[8] Mesmo não tendo informações precisas, podemos também afirmar que em Roma, segundo o *Liber Pontificalis*,[9] o Papa Zósimo, em 417, concedeu aos diáconos a faculdade de "abençoar o Círio".

---

[7] Cf. *De Civitate Dei* 15,22; CCL 48,487.

[8] Cf. MARSILI, *Sinais do Mistério de Cristo*, p. 522-523. O *Sacramentário Gelasiano* é um código manuscrito do século VII, conservado na Biblioteca Vaticana. Esse Livro era destinado a colher as fórmulas para o presidente da eucaristia e de outras celebrações (*Dicionário de Liturgia*, p. 1263).

[9] Trata-se de um livro que contém notícias sobre a vida dos primeiros papas e de suas atividades. Muitos conhecimentos sobre inovações litúrgicas foram descobertos desta fonte; por ex. sabe-se que o "Cordeiro de Deus" foi introduzido na liturgia eucarística pelo Papa siríaco Sergio I (687-701).

O Tríduo Pascal na teologia litúrgica da Páscoa

Para captar em profundidade o pensamento teológico e litúrgico do Tempo Pascal, devemos começar forçosamente pelo Tríduo Pascal e desenvolver todo esse tempo até sua conclusão na solenidade de Pentecostes. Para isso, é preciso respeitar a divisão tripartite do ciclo litúrgico das leituras (Anos A-B-C).

O Tríduo Pascal da Paixão, Morte e Ressurreição do Senhor começa na quinta-feira à noite com a Missa da Ceia (depois do pôr do sol) até a tarde do Domingo da Páscoa da Ressurreição com as Vésperas.

Quando os cristãos celebravam a célula inicial de todo o Ano Litúrgico, isto é, o Domingo, esse dia era preparado com simples "vigílias" inspiradas na Palavra de Deus. As Sagradas Escrituras e a história da liturgia cristã confirmam essa prática. Ainda bem cedo, os cristãos elegeram uma dessas vigílias para celebrar de modo mais solene o centro do mistério pascal em suas vidas. Nasce então a Vigília Pascal, com os acréscimos da Quinta e da Sexta-feira Santas, dando origem ao que mais tarde se chamou de Tríduo Pascal.

É bom lembrar que a Quinta-feira Santa é o "portal" do Tríduo Sacro, com o qual se encerra o Tempo da Quaresma; tempo litúrgico que nasceu bem mais tarde.[10]

A palavra "Tríduo" significa pontualmente "três dias". Mistério de Cristo crucificado/ressuscitado que se celebra por três dias, mas tudo em seguida, "como se fosse um único dia". De fato, o sinal da Cruz que realizamos na abertura da celebração/memorial pascal, e onde é convocada a assembleia orante, realiza-se no início da Quinta-feira Santa e se encerra com a solene bênção da Vigília Pascal. Finalizando as celebrações do Tríduo, qual fosse uma única e indissolúvel celebração *"em três dias"*, como se fosse "um único dia".

Cada dia tem seu próprio nome: Quinta-feira Santa, Sexta-feira Santa, e assim por diante... Assim como cada celebração tem seu próprio título: Missa vespertina "da Ceia do Senhor", Celebração da Paixão do Senhor, e Sábado Santo com a Vigília Pascal.[11]

A mistagogia do Círio Pascal: A luz nova de Cristo Ressuscitado!

Na noite da Vigília Pascal (Sábado Santo), o fogo vigoroso de uma fogueira ardente será o primeiro símbolo litúrgico a brilhar de modo especial. Seu brilho e seu ardor

---

10 C. Marcio PIMENTEL, "Celebrar o Cristo, nossa Páscoa, no ritmo atual", in *Jornal de Opinião* 2012.

11 Cf. *Missal Romano*, p. 247-291; Johannes Paul ABRAHAMOWICZ, *Tríduo Pascal – Lectio litúrgica*, Ave-Maria, São Paulo 2010, p. 29-34.

manifestam a presença amorosa do Senhor que ilumina nossas vidas (cf. Êxodo 3,2), ansioso por dissipar efetivamente as trevas da nossa vida e iluminar a noite para nos salvar (cf. *Missal Romano* 274).

Se o círio não foi devidamente preparado para simbolizar a luz esplendorosa do Cristo Ressuscitado, vencedor das trevas do pecado e da morte, a seguir tudo se dispõe a prepará-lo: O presidente da celebração incide uma Cruz é diz: "Cristo, ontem e hoje, princípio e fim". Depois incide a primeira e a última letra do alfabeto grego, o "Α" e o "Ω", para recordar as palavras de Jesus: *Eu sou o Alfa e o Ômega, o Primeiro e o Último, o Começo e o Fim* (cf. Apocalipse 22,13). Finalmente, o presidente acrescenta nos quatro ângulos da Cruz as quatro cifras do ano corrente, indicando assim a "perene" atualidade da Páscoa: o seu "acontecer hoje e sempre" e diz: "A Ele o tempo e a eternidade, a glória e o poder, pelos séculos sem fim. Amém" (*Missal Romano* 13). Ainda, coloca cinco grãos de incenso, formando uma cruz, e diz: "por suas santas chagas, suas chagas gloriosas, o Cristo Senhor nos proteja e nos guarde. Amém" (*Missal Romano* 11).

Logo que foi preparado o Círio, o presidente acende-o no fogo abençoado e diz: "A luz de Cristo que ressuscita resplandecente dissipe as trevas de nosso coração e de nossa mente" (*Missal Romano* 12).

Agora o Círio aceso no fogo novo é elevado pelo Diácono ou pelo presidente da celebração e, entrando às portas da Igreja às escuras, canta pela primeira vez "Eis a luz de Cristo" (*Lumen Christi*). Este momento é impressionante: como Cristo na cruz atraiu os olhares sobre Ele, agora, mais ainda, a luz de Cristo ressuscitado atrai para si todos os olhares esperançosos (cf. João 12,32).[12]

Na medida em que o Círio pascal vai entrando na Igreja, colocando-se no meio da comunidade, cada pessoa da assembleia é convidada a acender sua pequena vela a partir do Círio. Nesse momento, profundamente eclesial e fraterno, não é o momento de fixar os olhares sobre a própria vela, mas para os outros e oferecer-se a acender as velas (segurar a fé) dos irmãos e irmãs que celebram juntos. A ação eclesial é caridosa por excelência: ela nos ensina a olhar para os outros e a iluminá-los com a única luz verdadeira, a de Cristo Senhor, e o seu significado é profundo como o assinala o canto da Proclamação da Páscoa ou *precônio pascal* (*Exultet*): "[...] acolhei, ó Pai santo, o fogo novo: não perde, ao dividir-se, o seu fulgor".

O Círio resplandece na noite santa espalhando sua fulgurante energia que destrói as trevas dos corações. É a experiência dos discípulos de Emaús, pois acaso não ardiam seus corações quando Ele lhes falava pelo caminho? (cf. Lucas 24,32). O calor do Espírito do Ressuscitado aquece e ilumina a assembleia santa e se espalha por toda a criação.

Podemos ainda observar outro aspecto simbólico expressivo. Na noite do êxodo, quando o povo caminhava pelo deserto, a Bíblia nos lembra que *uma dupla coluna* acompanhava o povo: uma de nuvens e a outra de fogo. Durante o dia, uma nuvem os escondia dos inimigos; de noite uma coluna luminosa iluminava-lhes o caminho. Na liturgia pascal, pede-se que

---

12 Na procissão de abertura da Vigília Pascal *não se usam a* Cruz processional e as duas velas que a acompanham.

na frente do Círio pascal possa ir o turíbulo espargindo fumegantes aromas perfumados (cujas brasas foram pegas do fogo abençoado) (cf. Êxodo 14,19-20; 40,34-38; *Ritual dos Bispos* 340). Com efeito, o Senhor, na noite da Páscoa, acompanha os seus fiéis que seguem o turíbulo fumegante e o Círio pascal aceso enquanto se dirigem à igreja para celebrar a sempre nova e eterna aliança.

Finalmente, o Círio, luz de Cristo ressuscitado que ressuscita nossas vidas, vai arder até o amanhecer, isto é, até celebrarmos a alegria da inédita manhã do Domingo pascal. Símbolo da vida totalmente renovada/ressuscitada. Por isso no canto do *Exultet* diz-se: "O Círio que acende as nossas velas possa esta noite toda fulgurar; misture sua Luz à das estrelas, cintile quando o dia despontar. Que ele possa agradar-vos como o Filho, que triunfou da morte e venceu o mal: Deus, que a todos acende no seu brilho, e um dia voltará, sol triunfal" (*Missal Romano*, Vigília Pascal [última estrofe], 19). O despontar do dia radiante será quando se cumpra em nós o encontro final com o Amor Amado do Filho que nos apresenta o Amor Amante do Pai, para, definitivamente, podermos experimentar o Beijo Amoroso e benfazejo do Amor Espírito.[13]

---

13 Cf. ABRAHAMOWICZ, *Tríduo Pascal*, p. 83-90.

A Palavra de Deus no Tríduo Pascal

Os textos bíblicos selecionados para cada dia do Tríduo Pascal

Quinta-feira Santa – Missa da Ceia do Senhor

Êxodo 12,1-8.11-14: O texto fornece o fundo histórico para situar a Última Ceia como refeição pascal na vida de Jesus enraizada nos costumes judaicos. A festa da Páscoa tinha um forte sentido familiar, pois tratava-se de uma festa antiga de famílias nômades de pastores. Posteriormente, ela foi unida à festa agrícola dos pães ázimos e interpretada como memorial (*zikkaron* [hebraico] = *anámnesis* [grego]) da passagem da escravidão no Egito para a condição de liberdade (cf. Êxodo 12,14). Isso se percebe nos aspectos da preparação do cordeiro e no jeito de comê-lo, que manifestam a pressa para realizar uma longa viagem. Em tudo, Deus revela-se como o Senhor da vida, vencendo todas as formas de morte e opressão.

Salmo 115[116],3-4.6-9 (cf. 1Coríntios 10,16): O Salmo é uma ação de graças litúrgica durante a qual o orante expressa a sua confiança em Deus. Num olhar cristão, o Salmista convida seus irmãos (toda a humanidade) para se unirem à criação que louva o Senhor Nosso Deus, porque "hoje" revelou seu Filho a toda a humanidade.

1Coríntios 11,23-26: A Carta paulina, escrita por volta do ano 55 d.C. (antes da redação definitiva dos Evangelhos) contém a narração mais antiga da instituição da eucaristia. Jesus deu à antiga refeição judaica da Páscoa um conteúdo novo, pleno. Ele mesmo é o Servo de Deus, que dá sua vida "pelos muitos" irmãos e irmãs (cf. Isaías 53,4ss; 42,6; Marcos 10,45). Ele é o Cordeiro imolado, que sanciona a Nova Aliança com seu sangue. Quando participamos desta fraterna refeição, nós nos unimos a sua morte e ressurreição e entramos em comunhão com todos – o Corpo místico da Igreja – aqueles por quem Jesus morreu.[14]

João 13,1-15 (o lava-pés): João coloca o "adeus" de Jesus: a despedida d'Aquele que vai para o Pai, mas que, ao mesmo tempo, deixa profunda nostalgia, sobretudo por causa do modo como essa despedida será levada a termo na noite seguinte. Daí o espírito particular desta celebração: alegria, até jubilosa; mas alegria em tom menor, misturada com lágrimas, uma alegria contida. Os cristãos contemplam hoje o Servo Padecente, o homem das dores, mas com os olhos iluminados pela glória da Páscoa de ressurreição.O que chama fortemente a particular atenção é a atitude do lava-pés. Jesus toma a atitude de escravo até a morte de cruz. A cruz é o verdadeiro "serviço de escravo". Se assumirmos esse compromisso de escravos, então Jesus nos convocará a seu seguimento: se não valorizamos esse seu serviço, ele não nos reconhecerá como seus

---

14 Cf. Johan KONINGS, *Liturgia Dominical*, p. 90.

discípulos. Por isso, Jesus lavou os pés dos discípulos para lhes dar um exemplo de serviço na humildade e no amor radical, que o levou a dar sua vida por eles. Também nós devemos servir uns aos outros e dar nossa vida pelos irmãos e irmãs.

Significativas e provocadoras são as apreciações de Dom Orlando Brandes sobre o "significado social do lava-pés":[15]

a. transformação do domínio em relações de serviço;

b. o "próximo", o outro, torna-se amigo e irmão;

c. vence diferenças, supera divisões, transforma inimigos;

d. faz-nos caminhantes e peregrinos em direção aos irmãos e irmãs;

e. faz-nos dignos da Eucaristia quando estamos atentos a não alimentar indiferença aos pobres, discriminação, exclusão, mentalidade dos privilégios de classe. O amor fraterno é a prova da autenticidade das nossas celebrações eucarísticas;

f. exige hospitalidade, cura dos pés feridos, aceitação da fraqueza dos outros;

g. ensina-nos que o amor salva e não o poder;

h. lavar os pés nos ensina a revestir-nos do avental do servo e desamarrar as sandálias, atitudes do bom samaritano;

i. o lava-pés é escola de relacionamento e de acolhimento, atitude de confiança que supera as concorrências e competições;

---

15 Cf. Orlando BRANDES, "Eucaristia e amor social: os pobres e a fome", in *Revista Encontros Teológicos*, Florianópolis 2002, p. 63 (CNBB, *Roteiros Homiléticos* – Tempo Pascal – Ano C, 2010, p. 20).

j. ensina-nos a esvaziar-nos do egoísmo e elevar os outros; satisfação pelo bem alheio; a descer do nosso pedestal e chegar até o chão;

k. quem vive o lava-pés pode ser um mártir, nunca um algoz.

Sexta-feira Santa – Celebração da Paixão do Senhor

Isaías 52,13–53,12 (o Servo sofredor): O texto pertence ao Segundo Isaías e relata o quarto cântico do Servo. No meio dos sofrimentos do povo, o profeta Isaías apresenta o Servo que permanece fiel ao projeto de Deus. É o mensageiro da paz que traz boas notícias. Ele carrega as dores dos outros e, por causa disso, justifica (perdoa) a muitos e merece ser glorificado. A profecia do Servo realiza-se plenamente em Jesus Cristo, pois ele entregou a vida pela humanidade, carregou suas dores e mazelas e ofereceu-lhe a salvação.

Salmo 30[31],2.6.12-13.15-17.25: O Salmista, em meio a muitas aflições, conserva a confiança no Deus fiel e clemente. Ele, proclamando sua bondade, confia sua vida às mãos do Senhor (v. 15-16; cf. Lucas 23,46).

Hebreus 4,14-16; 5,7-9: A Carta ressalta a entrega total de Cristo, que aprendeu a obediência, para assim tornar-se causa de salvação para todos os que lhe obedecem (cf. Hebreus 5,8-9). Jesus viveu em plenitude a condição humana, vencendo as provações até a paixão e a morte, tornando-se capaz de se compadecer de nossas fraquezas. Ele é o sumo sacerdote eminente, pois ofereceu o sacrifício único e total de sua vida ao Pai para o bem da humanidade.

João 18,1–19,42 (Paixão do Senhor): O Evangelista João apresenta a narrativa do julgamento, condenação e crucificação de Jesus à luz de sua gloriosa ressurreição. Desde a prisão até a crucificação, salienta a soberania de Jesus, sua entrega livre e obediente à vontade do Pai. Ele se entrega livremente para ser preso e julgado por aqueles que se opõem ao projeto de salvação de Deus: "Eu nasci e vim ao mundo para dar testemunho da verdade" (João 18,37). A presença da Mãe de Jesus e do discípulo amado revela que a comunidade está renascendo e encontrando o sentido da missão a partir do amor de Jesus consumado de modo sacrifical na cruz. A força da vitória de Cristo sobre a morte, a prepotência da violência e de toda forma de maldade humana impelem os discípulos a assumir sua identidade profética perante o mundo que não escuta a proposta salvífica do Senhor.

Os textos da Vigília Pascal – Sábado Santo

A comemoração da Ressurreição do Senhor ocorre desde remota memória cristã, na noite de sábado para domingo, pois na manhã do domingo – o primeiro da semana – o Senhor já não pertence à terra dos mortais; "pulou" do sepulcro. Os primeiros cristãos associaram a noite da Ressurreição à noite da Páscoa descrita em Êxodo 12,42, celebrando "uma noite de vigília em honra do Senhor". Como exclamava o grande Leão Magno (†461): "Celebrando a Vigília Pascal, morramos para a iniquidade e ressuscitemos para a justiça, que desapareça o antigo estilo de vida e resplandeça o novo".

A seleção dos textos bíblicos da Vigília contém uma insuperável riqueza, trata-se de uma preciosa seleção de textos bíblico-litúrgicos: a mais antiga, a mais universal e a mais venerável das que se conhecem [Pedro Farnés].

Percebe-se que a liturgia é a mesma nos três anos (A-B-C) para as oito leituras selecionadas, exceto os Evangelhos: eles são diferentes para cada ano litúrgico. Agora, é importante salientar que entre as leituras do Primeiro Testamento, a terceira (Êxodo 14,15-15,1) é *obrigatória*, porque ela descreve os motivos que fundamentam a específica recordação desta noite. A seguir apresentamos alguns comentários ilustrativos para cada leitura.

1ª leitura – Gênesis 1,1–2,2 ou mais breve 1,1.26-31a (Salmo 103[104]): Esta leitura nos coloca diante do cenário da criação na moldura de uma semana. Segue um gênero literário que fala de ordem e completude, mas não dispensa os complexos processos das pesquisas que tratam sobre a origem do Universo. O esquema mostra o poder e o agrado do Criador, a bondade e a beleza das criaturas. Esta leitura é importante por causa de seu sentido cósmico e da ligação imediata com o tema da luz (tema desenvolvido quando tratamos do Círio pascal). Ela tem como responsório o maravilhoso Salmo 104, que manifesta o esplendor das maravilhas da criação que louva jubilosamente a Deus.[16]

2ª leitura – Gênesis 22,1-18 (Salmo 15[16]): Na vocação e na obediência de Abraão, para "oferecer em holocausto" seu filho Isaac,[17] acontece o início da vocação universal à salvação. Numa leitura profunda e detalhada, percebemos que *Deus rejeita o sacrifício de filhos*, praticado também em Israel

---

16 O salmista desenvolve este louvor partindo das coisas mais simples da vida cotidiana, as mais puras, as mais belas, para nos conduzir àquelas que mais profundamente nos tocam. Para uma leitura mais aprofundada, aconselhamos: Paula RAMOS, "Meditação litúrgica do Salmo 104. Um canto novo, um louvor!", in *Revista de Liturgia* 177, São Paulo, maio-junho 2003, p. 26-28; Luís Alonso SCHÖKEL – Cecília CARNITI, *Salmos* II (*Salmos 73-150*), Paulus, São Paulo 1998, p. 1280-1283.

17 Os hebreus falam da "atadura" (*aqedà*), pelo fato de Abraão ter "atado/amarrado" o filho (v. 9).

(cf. 2Reis 16,3; 17,17; 21,6), mas repetidamente condenado. Poderíamos dizer que a pedagogia de Deus exige que Abraão se revolte contra tudo aquilo que despreza a vida e assuma um compromisso "radical" em favor dela. Esse é o verdadeiro Deus bíblico, que criou a vida, que está comprometido com ela e que é contra tudo o que a ameaça e coloca em grave perigo (cf. Miqueias 6,6-8).[18]

3ª leitura – Êxodo 14,15–15,1 (Cântico – Êxodo 15,1-6.17-18): Esta leitura, como já dissemos, é obrigatória. Colocamo-nos na noite da libertação pascal do Êxodo. No Êxodo, Israel experimenta a libertação da escravidão. Contempla olhando em duas direções: para os opressores (14,30) e para o libertador (14,31). A experiência religiosa tem por isso dois níveis, relativos à visão: um cai sob os sentidos: "os egípcios mortos", o outro permanece escondido: "a mão poderosa do Senhor". Mas visíveis aos olhos da fé: o povo temeu e acreditou em Deus, reconhecendo também seu mediador: Moisés. Um aspecto curioso é que tenham perecido no mar, já que o Egito é rodeado de deserto. Mas, para os israelitas, o mar esconde mistérios que só Deus conhece e domina. O *Egito oferece um projeto de morte* que deve desaparecer da face da terra; deve ser sepultado no mar porque contraria a vida, contraria a justiça. O fato poderia ter acontecido no deserto, mas o deserto será o espaço que revelará ao povo diferentes sentidos simbólicos: pois nele Deus formará pacientemente a sua consciência, consciência de ser propriamente "o Povo de Deus". O texto

---

18 Cf. *Bíblia Sagrada – Edição de Estudos*, Ave-Maria, São Paulo 2011, p. 48-49 (comentários de rodapé).

termina com o anúncio do cântico de vitória, o "cântico de Moisés e Miriam" (Êxodo 15,1-21), que por sinal a assembleia celebrativa entoa jubilosamente.

4ª leitura – Isaías[19] 54,5-14 (Salmo 29[30]): Trata-se de uma palavra de consolação ao Israel do Exílio. De fato o texto descreve o regresso dos israelitas da Babilônia para Jerusalém. Deus chama do exílio "sua esposa amada", que, depois de um período de repúdio, é readmitida. O tempo de exílio, 50 anos, durou "apenas um momento", pois o perdão de Deus não tem tempo; ele é habitado pela sua misericórdia. Outra imagem comovente que encoraja o regresso é o empenho do Senhor para "reconstruir a Cidade Santa" de cima a baixo, com abundantes materiais preciosos (v. 11ss). A nova Cidade será uma cidade escola: os habitantes serão instruídos pelo Senhor na justiça e na paz.

5ª leitura – Isaías 55,1-11 (Cântico – Isaías 12,2-3.4b-6): É o convite para o banquete messiânico. Tudo no texto manifesta o Amor gratuito do Senhor que deseja saciar os corações dos habitantes da nova Cidade. O dom de Deus exige do povo um preço alto, uma atitude de espírito articulada em termos

---

19 Luis Mosconi apresenta assim o profeta: Meu nome é Isaías (*Yeha Yahu*), palavra que em nossa língua significa *Javé é salvação*. Nasci em Jerusalém, capital do Estado de Judá. (...) minha família pertencia à classe alta da cidade. Desde minha juventude participava bastante da vida religiosa do templo e tinha livre acesso ao palácio do rei (Isaías 7,3; 7,10). Estava bem por dentro daquilo que se passava na classe alta. Casei-me aos 20 anos de idade. Minha esposa também era profetisa (Isaías 8,3). Tivemos dois filhos (Isaías 8,3; 8,18) com nomes muito particulares, ligados ao tema da salvação: *Sear-Jasub* (um resto se convertera) e *Maer-Chalal--hach-baz* (toma depressa os despojos, faze velozmente a presa) (cf. Luis MOSCONI, *Profetas da Bíblia: gente de fé e de luta*, CEB. 3a ed. São Leopoldo [RS] 1998, p. 40, com acréscimos de outras fontes).

caros à literatura sapiencial. O povo deve "regressar" com a advertência de não esquecer o amor de Deus derramado em seu coração. Cada novo morador estará atento ao risco de não "gastar" o dinheiro naquilo que não alimenta e nem presta e não "empregar" seu trabalho naquilo que não sacia. O povo deve confiar no Senhor que sempre está por perto e perdoa generosamente; não pode perder tempo, não pode adiar esta oportuna ocasião de encontrá-lo.

6ª leitura – Baruc[20] 3,9-15.32-38; 4,1-4 (Salmo 18[19]): O texto apresenta a Sabedoria (eterna) que reina sobre o cosmos manifestando a grandeza do único Deus. A sabedoria não vem dos homens, mas de Deus, criador do universo. A sabedoria que Deus deu ao povo constitui a glória do povo hebraico; sabedoria que o povo, voltando da Babilônia, deve seguir para converter-se e voltar a caminhar nos desígnios de Deus.

7ª leitura – Ezequiel[21] 36,16-17a.18-28 (Salmo 41[42]): O profeta anuncia aqui a reunião escatológica (dos últimos tempos) dos filhos dispersos de Israel, entendida como início de uma nova era no meio dos sofrimentos do povo. Deus deseja manifestar sua justiça, trazendo de volta para Jerusalém seu povo amado, o povo que ele tinha espalhado; agora, para

---

20 Baruc apresenta-se como secretário de Jeremias, "o escriba Baruc". O texto foi escrito em grego (provavelmente no II século a.C.). O livro não consta na Bíblia hebraica (considerado deuterocanônico). Baruc não é propriamente um livro profético, senão sapiencial. O seu conteúdo lembra a conexão entre os fatos narrados e o contexto da vida do profeta Jeremias ligados à destruição do templo, em 586 a.C.

21 Ezequiel é profeta-sacerdote, filho de Buzi, sacerdote do templo de Jerusalém. Depois da invasão de Nabucodonosor II (†562 a.C.) contra Judá (597 a.C.), Ezequiel acompanhou, para a Babilônia, os primeiros exilados de Jerusalém, entre os quais o rei Joaquim.

remediar o presente, reúne-os de novo na sua terra. A descrição do regresso e das dádivas concedidas faz deste texto um dos mais elevados e conhecidos de Ezequiel. O regresso demonstra o poder bondoso de Deus e não sua fraqueza. Para realizar de modo perfeito o regresso, Deus purificará de todos os pecados, mediante a conversão interior, indicada pela metáfora da "água pura", pela doação de um "coração novo" e de um "espírito novo" (v. 25-26), que colocará o povo em ótimas condições para observar a lei do Senhor (v. 27).

Epístola aos Romanos 6,3-11 (Salmo 117[118]): Paulo, escrevendo aos cristãos de Roma, apresenta uma profunda reflexão sobre a ressurreição de Jesus, ligando-a com o Batismo. O apóstolo exclama que Cristo morreu e ressuscitou. Sua vida é de Deus. Assim, batizar-se (mergulhar na água) é "entrar de cabeça" em Jesus Cristo com tudo o que isso significa de total doação, solidariedade, entrega da própria vida. E é também, ao mesmo tempo, um deixar que Jesus Cristo "entre de cabeça" e tome conta da pessoa que nele acredita. O Pai nos deu tudo por Jesus e com Jesus. Mas o que recebemos dele nós deveremos realizá-lo e assumi-lo na vida; reviver a morte de Cristo no "sim" a Deus, reviver sua ressurreição na "verificação" do seu amor que em nós se manifesta.

Evangelho "Ano A": um novo olhar à luz da ressurreição

Mateus 28,1-10 (As mulheres vão ao sepulcro: mensagem do anjo e aparição de Cristo): No Evangelho, Maria de Mágdala e a outra Maria foram ver o sepulcro de Jesus na "alvorada da manhã" após o sábado.[22] Elas seguiram Jesus desde a Galileia, prestando-lhe serviços, ouvindo seus ensinamentos e, sobretudo, testemunhando sua dolorosa morte e ressurreição. Como representantes da primeira comunidade cristã, desejam encontrar Jesus. Elas serão as testemunhas de sua ressurreição, como o foram de sua crucificação e seu sepultamento.

Foram testemunhas das palavras do mensageiro de Deus (o anjo) dirigindo-se a elas para anunciar-lhes a gloriosa ressurreição do Senhor: "Ele não está aqui! Ressuscitou, conforme havia dito! Vinde ver o lugar em que ele estava" (cf. Mateus 28,6). Elas, por isso, receberão a divina missão de anunciar a Boa-Nova da ressurreição aos discípulos.

O Evangelista coloca sinais apocalípticos: terremotos, pedra removida, o anjo e os guardas; sinais que conclamam que algo inédito está acontecendo no seio da humanidade. Só Mateus conta a aparição do ressuscitado às mulheres e o duplo encargo a elas confiado: primeiro pelo anjo, depois pelo mesmo Jesus, de anunciar a Boa Notícia de que o Senhor "vai para Galileia" reunir-se com seus amigos...

Evangelho "Ano B": é preciso reconstituir o rebanho

Marcos 16,1-8 (Dispersão e reconstituição do rebanho): O evangelista Marcos cerca a morte e a ressurreição de Jesus de inúmeros detalhes e dá os nomes das mulheres que participaram

---

22 "ao raiar do primeiro dia da semana" ou "na alvorada"; isto é, numa *hora bem cedo*, como se menciona em Marcos 16,2, em Lucas 24,1 e em João 20,1, embora com nuances diferentes. Em Mateus não há indicações precisas; Mateus escreve que estava a começar (ao raiar) o primeiro dia da semana. Segundo cálculos estimativos, tratar-se-ia das 19h ou 20h do sábado (cf. Raymond E. BROWN, *Cristo en los Evangelios del año litúrgico*, p. 269).

do indescritível evento: Maria Madalena, Maria – mãe de Tiago e Joset – e Salomé. Mas o panorama geral aparece "pouco pascal", nada feliz; há muito silêncio, as mulheres não falam a respeito do sepulcro vazio. Elas, como testemunhas da morte do Senhor, guardam na memória onde haviam enterrado o corpo de Jesus. Ainda mais, por medo, não dizem nada; permanecem mudas, em silêncio. Depois, armadas de valor, irão se transformar nas testemunhas confiáveis da ressurreição e da vida nova, inclusive para os discípulos que haviam fugido. Para Marcos, Jerusalém é o lugar da incredulidade e Galileia, o lugar da fé do pequeno rebanho: o anúncio da ressurreição não foi feito logo em Jerusalém; primeiro devia reconstituir-se o rebanho na Galileia: Jesus Cristo ressuscitado é o pastor que "precede" o rebanho que seria disperso e, confortando o frágil rebanho, pela misericórdia do Pai, já não mais serão as "ovelhas sem pastor" (cf. Marcos 6,34).

Evangelho "Ano C": somos testemunhas do incrível

Lucas 24,1-12 (O Filho do Homem devia ressuscitar no terceiro dia): O Evangelho narra a ressurreição de Jesus, na noite da Páscoa, quando as mulheres foram suas primeiras testemunhas. "Disso nós somos testemunhas", dirão depois aos apóstolos. Sem a ressurreição é vã a nossa fé, acrescenta Paulo.

O evangelista Lucas apresenta mais aparições pós-pascais do que os outros. Elas servem para abrir os olhos dos discípulos desanimados e incrédulos, para compreenderem que em Jesus Cristo as Escrituras atingem a sua plenitude (cf. Lucas 24,27; 24,45; cf. Atos 1,3).

As mulheres constituem o elo entre o sepulcro vazio e as aparições que revelam o seu sentido. Devem lembrar-se de que Jesus já anunciou esses fatos durante os ensinamentos na Galileia.

Eis a questão de fundo. Será que a mera narração dos fatos pascais, mesmo que ilustrados com argumentos do próprio Jesus histórico, é insuficiente para chegar à fé? Pelo menos, no caso dos discípulos, com exceção de Pedro e das mulheres, foi. Era preciso que o próprio Cristo glorioso se lhes manifestasse, para que acreditassem e reconhecessem o plano de Deus. A fé na ressurreição é graça doada pelo Cristo, uma escolha que privilegia algumas pessoas para testemunhar que o caminho percorrido pelo Senhor, mesmo passando pela cruz e pela humilhação, é o caminho que conduz à glória.[23]

---

23 Para os comentários bíblico-teológicos dos Evangelhos pascais, inspiramo-nos em Johan KONINGS, *Liturgia Dominical*, p. 93-97; VV.AA. (org. Giuseppe Casarim), *Leccionário Comentado – Quaresma – Páscoa*, Paulus, Lisboa 2009, p. 343-347.

Comentário sobre o Tempo Pascal

O sentido litúrgico e teológico do Mistério Pascal

"O Senhor sofreu na tarde do mundo, a fim de que tu possas sempre nutrir-te da carne do Verbo – tu que serás sempre tarde –, enquanto não surgir a manhã (ou seja: os cristãos, que vivem no tempo (na tarde), esperam, nutrindo-se de Cristo, que surja a manhã (o tempo eterno)" (Orígenes, *In Genesis* 10,3; SC 7.189).

O sentido cristão da Páscoa encontra sua fonte/plenitude na realização do acontecimento pascal de Cristo, pelo qual a humanidade entrou definitivamente num estado de libertação e de salvação. Finalmente, Deus realiza o que havia pensado para o ser humano, desde o começo da criação. A Páscoa, então, é toda a obra redentora de Cristo; cumpre e realiza o que a Páscoa profética do Antigo Testamento significava; ocupa lugar único e eminente na revelação; e por isso é continuamente celebrada na sagrada liturgia.

O Cristo leva à realização a Páscoa do êxodo, a Páscoa de Israel, na passagem dele para o Pai, a fim de se colocar no centro da história da salvação. Por meio da *morte-ressurreição-ascensão*, três momentos da Páscoa verdadeira e real, feita única e eterna para todo o mundo.

Cessa, portanto, o fato histórico passado: agora é a Páscoa do Reino de Deus; Cristo é a Páscoa do Novo Testamento. Pode-se afirmar, por isso, que a chave da paixão-ressurreição e ascensão de Jesus Cristo é precisamente o rito pascal (SC 5).

Agora, por meio dos sinais sensíveis do culto, podemos fazer presente a distância de tempo e lugar com a realidade do acontecimento pascal da redenção realizada em Cristo. De modo mais profundo e magistral, Francisco Taborda diz que "pelo rito instituído na última ceia do cenáculo e pela fé com que o iteramos, somos realmente transportados, com nossos 'pés teológicos', com os 'pés da fé', ao Calvário e ao túmulo vazio do Ressuscitado. Estamos, 'em mistério', sacramentalmente (e, portanto, realmente) junto à cruz com a Mãe de Jesus e o discípulo amado (cf. João 19,25-26) naquela primeira Sexta-Feira Santa; acorremos pressurosos, 'em mistério', ao sepulcro na manhã do domingo, junto com Maria Madalena e as outras mulheres que tinham acompanhado Jesus desde a Galileia (cf. Marcos 16,1; 15,40)".[24]

Por isso é que através da liturgia somos contemporâneos de Cristo (Odo Cassel). Podem então distinguir-se três fases:

1ª a liturgia consiste na atualização da salvação realizada em Cristo;

---

24 Francisco TABORDA, *O Memorial da Páscoa do Senhor. Ensaios litúrgico-teológicos sobre a eucaristia*, Loyola, São Paulo 2009, p. 86. Não podemos desaproveitar as significativas palavras do Beato João Paulo II a respeito: "até aquele lugar [o Calvário] e àquela hora [a morte de Jesus] se deixa transportar em espírito cada presbítero ao celebrar a santa missa, juntamente com a comunidade que nela participa" (cf. *Ecclesia de Eucharistia* n. 4).

2ª a salvação realizada em Cristo é a Páscoa;

3ª a liturgia será a atualização da Páscoa por meio do mistério (voltar-se, portanto, ao mistério).

Assim sendo, a liturgia é o momento último da Páscoa de Cristo, no qual todos os sacramentos, cada um individualmente, dão uma particular comunicação com o mistério total de Cristo e centram-se na Eucaristia, como centro e vértice do mistério pascal.[25]

Na Páscoa de Cristo, todas as coisas: criação, redenção e escatologia, fazem parte de um único movimento, que, para nós cristãos, tem seu ponto alto na morte-ressurreição de Cristo. Todas as forças de morte que impedem o pleno desabrochar da criação foram vencidas pelas forças de vida e de amor que culminam na pessoa de Jesus de Nazaré. O mistério pascal inclui o cosmos; podemos falar da "páscoa do universo": é o mistério que acontece dinamicamente na história evolutiva do cosmos (e da humanidade), rumo ao *pleroma*, sua plena realização (*pleroma* = plenitude do Reino de Deus). Nossa fé coloca a ressurreição de Jesus não apenas inserida na história da humanidade, mas "no centro do mistério do tempo", revelando seu sentido profundo.[26]

Como itinerário teológico e litúrgico do Tempo Pascal, podemos colocar a comunidade eclesial e os simples cristãos em contato com o mistério central da fé cristã: eles são chamados a acolher o dom que o Pai lhes faz de si mesmo na Pessoa do Filho e do Espírito Santo. Em particular, a sucessão dos

---

25 Cf. Juan Javier FLORES, *Introdução à Teologia Litúrgica*, Paulinas, São Paulo 2006, p. 329-333.
26 Cf. Ione BUYST, "Páscoa de Cristo, Páscoa do universo", in *Revista de Liturgia* 218, março/abril 2010, p. 4-5 (Beato João Paulo II, *Dies Domini* n. 2).

domingos do Tempo Pascal apresenta uma série de aprofundamentos e de olhares em perspectiva sobre o mistério pascal visto na sua vertente positiva da Ressurreição de Jesus Cristo, sentado à direita do Pai, e sobre a efusão do Divino Espírito. Mais do que um caminho que se desenrola em etapas sucessivas, é a repetição de diversas perspectivas do único mistério que se manifesta cada vez maior do que toda a possibilidade de compreensão humana. Isso é colocado à disposição de cada comunidade eclesial e de cada cristão para que, celebrando-o, participem na medida em que forem capazes.

Na verdade, o tempo pascal, seguindo particularmente o evangelista João, serve para aprender a "ver/perceber" com olhos novos (cf. o cego de nascença em João 9) e não com os olhos da carne (meramente humanos); com os olhos iluminados pelo sopro benfazejo do Espírito do Ressuscitado que manifesta em Jesus uma inédita proposta de vida.

Com efeito, o Tempo Pascal ensina a não nos apegarmos exclusivamente ao Jesus das estradas da Galileia, ao Jesus dos milagres e das parábolas. Deixemos que ele se torne "o presente ausente", passando pela cruz, assumida por amor fiel aos seus, para se "tornar presente", de outro modo, na glória da ressurreição, significando assim que sua crucificação foi a máxima expressão do seu amor. O Jesus da Páscoa é incomparavelmente mais presente para nós do que o das estradas da Galileia: este deixou suas pegadas nas narrativas dos apóstolos e dos evangelistas; mas o ressuscitado, que só pode ser visto com os olhos da fé, está/vive/permanece conosco nas estradas da vida, hoje e sempre.[27]

---

27 Cf. Johan KONINGS, *Liturgia dominical*, p. 99-100.

Que sabemos da data da Páscoa?

No Concílio de Niceia (325), todas as Igrejas chegaram a um acordo de que a Páscoa cristã fosse celebrada no domingo que segue a lua cheia (14 de *Nisan*) depois do equinócio de primavera.[28] A reforma do calendário no Ocidente (chamada "gregoriana", do nome do papa Gregório XIII, em 1582) introduziu uma defasagem de vários dias em relação ao calendário oriental. Hoje as Igrejas ocidentais e orientais buscam um acordo, a fim de se chegar novamente a celebrar em uma data comum o dia da Ressurreição do Senhor.[29]

---

28 O mês de *Nisan* ou *Nisã* pertence ao primeiro mês do ano no calendário israelita. Corresponde aproximadamente em nosso calendário civil ao período que abrange a segunda quinzena do mês de março e a primeira do mês de abril.

29 Cf. CATECISMSO DA IGREJA CATÓLICA n. 1170; Guillermo D. MICHELETTI, *Celebrar o Ano Litúrgico. Tempo dos homens em Jesus Cristo*, Ave-Maria, São Paulo 2012, p. 15 – nota 7.

A Palavra de Deus no Tempo Pascal[30]

A tradição litúrgica da Igreja reserva a proclamação de alguns livros da Bíblia para determinados tempos litúrgicos, por serem eles mais aptos a captar o espírito no tempo que é vivenciado e a favorecer a participação do mistério celebrado. Para o tempo pascal, adverte-se tanto na tradição ocidental quanto na oriental o costume de ler Atos dos Apóstolos, colocando em destaque que é precisamente do mistério pascal que se origina a fecunda vida apostólica da Igreja. Pelos mesmos motivos é conservada a tradição de ler o Evangelho de João nas últimas semanas da Quaresma e do Tempo Pascal.

Estes são, portanto, livros típicos deste tempo. Em primeiro lugar o Evangelho de João, por ser marcadamente "pascal" em comparação aos sinóticos; depois, em substituição das leituras do Primeiro Testamento, coloca-se Atos dos Apóstolos para descrever como a Igreja nasce e prospera no agir do Ressuscitado na força do Seu Espírito. Como segunda

---

30 Cf. Mario CHESI, "A Palavra de Deus no Tempo Pascal", in *Leccionário Comentado. Regenerados pela Palavra de Deus* – Quaresma–Páscoa, Paulus, Lisboa 2009, p. 23-31; Johan KONINGS, *Liturgia Dominical*, p. 97-112.242-254.378-390.

leitura, recorre-se ao Apocalipse, à Primeira Carta de Pedro e à Primeira Carta de João, textos que nos lembram a tensão escatológica da existência cristã.

Alguns liturgistas questionam o fato de que a primeira leitura não permaneça do Antigo Testamento porque com isso perde-se o sentido histórico em que o mistério pascal de Cristo é o cumprimento *como plenitude* de toda a história da Salvação. Isto é o que Jesus fez quando explicava – pelo caminho – as Escrituras aos desanimados discípulos de Emaús (cf. Lucas 24,27).

Dentro do Tempo Pascal, sobressaem, sem dúvida, as três solenidades da Páscoa, da Ascensão e de Pentecostes, acentuando e abrangendo integralmente o mistério pascal. Se na Páscoa do Ressuscitado é o mistério todo que é considerado, nas outras duas solenidades percebemos reforçados matizes: na Ascensão, a acentuação é particularmente *cristológica*: isto é, a consumação da obra de Cristo sobre a terra e sua entronização à direita do Pai; e em Pentecostes aparece um critério mais *pneumatológico,* ou seja, a presença espiritual de Cristo ressuscitado e vivo na força do seu Espírito, entre os fiéis seguidores.

Notemos que o Domingo de Páscoa é o ponto de divisão entre dois tempos – Quaresma e Tempo Pascal – que representam as duas fases da vida cristã: o padecer e o exultar; o sofrer e o alegrar-se. A unidade das leituras para os três anos se alicerça na referência evidente (e obrigatória) do mistério celebrado. A experiência de Pedro junto ao sepulcro vazio (João 20,1-9) explicita-se no seu testemunho qualificado de acreditar no ressuscitado (Atos 10,34a.37-43) que traz decisivas consequências na vida dos cristãos (Colossenses 3,1-4 ou 1Coríntios 5,6b-8).

Para os Domingos do Tempo Pascal apresenta-se um roteiro de leituras bem estruturado. A primeira leitura é sempre tirada dos Atos dos Apóstolos em sucessão progressiva que concorda com a leitura evangélica. Como segunda leitura, recorre-se, para os três anos respectivamente, a 1Pedro, 1João e Apocalipse. Também estes textos foram escolhidos segundo o critério da sucessão progressiva e da concordância temática com o Evangelho. O que caracteriza em ordem à Palavra proclamada nos Domingos do Tempo Pascal é a perícope evangélica.[31] Para o texto evangélico, podemos individuar o seguinte percurso: no II Domingo, ainda "tipicamente pascal", coloca-se o texto de João 20,19-31, presente nos três anos. No III Domingo, a temática é a das refeições do Ressuscitado com os seus: faz-se uma exceção (parcial) à leitura do Evangelho de João com o texto de Lucas 24 (anos A e B). O IV Domingo está organizado ao redor da figura de Jesus Bom-Pastor que dá a vida pelas suas ovelhas. Para isso, lê-se quase todo o capítulo 10 de João, distribuído em trechos, nos três ciclos. Para os V e VI Domingos, são propostos textos do discurso de despedida (do nostálgico adeus) da Ceia do Senhor. No V Domingo, marcadamente cristológico, sobressai o fecundo tema de "permanecer em Cristo"; no VI Domingo, acentuadamente pneumatológico, o Espírito Santo é o "outro Consolador" que permite à comunidade eclesial caminhar pelas sendas do amor do Senhor. E o VII Domingo, cuja característica peculiar é a oração de Jesus pelos seus, é focada na oração depois da Última Ceia.[32]

---

[31] Perícope, do grego = recorte em forma circular. Liturgicamente, trata-se de uma passagem bíblica utilizada nas celebrações da Igreja; ou seja, um texto bíblico selecionado e colocado nos *Lecionários* e *Rituais*.

[32] Note-se que o VII Domingo da Páscoa dá o seu lugar à festa da Ascensão quando esta se celebra num dia de Domingo, como de fato é o caso da Igreja no Brasil.

A seguir comentamos sucintamente os textos bíblicos que a Igreja selecionou seguindo o ordenamento do Lecionário para celebrar a Liturgia da Palavra em cada Domingo pascal:

Domingo da Páscoa na Ressurreição do Senhor

Ele viu, e acreditou! Na verdade o Cristo Ressuscitou, Aleluia!

A ele o poder e a glória pelos séculos eternos!

As leituras e os evangelhos são iguais para os três ciclos anuais.

Atos 10,34a.37-43: Nesta leitura apresentam-se os principais momentos da atividade missionária de Jesus. Ungido com a força do Espírito, Jesus de Nazaré passou fazendo o bem e curando a todos os que eram oprimidos dos mais variados males. Ele amou-nos tanto, a ponto de entregar a vida na cruz pela salvação de todos. Assim, Jesus vivo e ressuscitado tornou-se o fundamento da fé e de toda esperança. A ressurreição de Jesus é o ponto culminante do projeto de salvação e libertação que brotou do coração do Pai.

Salmo 117[118],1-2.15ab-17.22-23: O relato do Salmo é a solene ação de graças a Deus após a conquista de uma vitória. É muito bonita a expressão "Este é o dia que o Senhor fez: exultemos e alegremo-nos nele" (v. 24). Lida hoje, à luz da Páscoa, a tradição cristã aplica esses versículos ao glorioso dia da ressurreição de Jesus Cristo (na liturgia pascal, esta exclamação constitui o Refrão do Salmo responsorial).

Colossenses 3,1-4 (ou 1Coríntios 5,6b-8): A Carta fala da vida cristã para mostrar que a experiência da ressurreição começa já neste mundo, agora, no tempo presente (cf. Colossenses 3,1). A comunhão com Cristo ressuscitado acontece uma vez que, misteriosamente introduzidos pelo Batismo, somos impelidos ao despojamento das coisas opostas à vontade de Deus e a revestir-nos da vida nova em Cristo Jesus.

João 20,1-9 (na celebração da manhã[33] – Pedro e o discípulo amado vão pressurosos ao sepulcro...): No texto do Evangelho de João, Maria Madalena dirige-se ao sepulcro de madrugada à procura do Jesus amado, que já não mora entre nós. Então ela, como representante da comunidade que busca entender o significado da morte e ressurreição de Jesus, vai avisar a Pedro e ao discípulo amado. Esses dois discípulos aparecem juntos várias vezes e ocupam também papel de destaque na comunidade. O amor faz a comunidade reconhecer, nos sinais da ausência do corpo, a presença do Senhor ressuscitado. O túmulo vazio, as faixas e o sudário são sinais que exigem adesão da fé, para compreender o mistério da ressurreição do Mestre. O amor fiel, como o de Jesus pelos seus, move e conduz seus discípulos e discípulas a empreender sempre novos e audaciosos itinerários de fé.

Lucas 24,13-35 (na celebração da tarde) – Os discípulos de Emaús o descobriram ao partir o pão: Este maravilhoso texto evangélico e curioso é fascinante demais. Ao que parece, não tem paralelo nos outros evangelhos (há uma

---

33 Para os três anos de leituras, é permitido substituir este Evangelho pelos da Vigília; a saber: *Ano A*: Mateus 28,1-10; *Ano B*: Marcos 16,1-7; *Ano C*: Lucas 24,1-12.

breve notícia em Marcos 16,12-13). Os discípulos, tristes e decepcionados, partem ao entardecer, de Jerusalém para o pequeno povoado de Emaús, distante não mais de 10/15 km (60 estádios).[34] A tristeza decorre do inesperado fracasso de suas expectativas messiânicas. Jesus, juntando-se a eles, levou-os à escuta atenta da Palavra e abriu-lhes os corações para as Escrituras, que guiam os discípulos a uma "inusitada presença". A escuta atenta da Palavra, que aquece e transforma os corações, e o partir juntos o pão abrem os olhos e possibilitam reconhecer a presença do ressuscitado. De repente, o encontro com o Ressuscitado os faz reacender/ reconfigurar os projetos almejados outrora junto de Jesus; então, recobram o fôlego para voltar a Jerusalém dispostos a continuar a missão libertadora encomendada pelo Senhor junto da comunidade apostólica.

O episódio de Emaús trata dos discípulos (talvez um casal) que representa a comunidade cristã a caminho para um verdadeiro encontro com o Senhor ressuscitado. A escuta da Escritura e a fração do pão abre os olhos dos discípulos. Eles superam assim a experiência decepcionante da morte de seu Mestre para reencontrar-se com o Senhor da vida. Realmente o Senhor ressuscitou! Impelindo-os a acolher sua

---

34 O nome de Emaús (Ammaous) não aparece em nenhuma outra parte da Bíblia hebraica. O parecer das pesquisas bíblicas assinala quatro cidades como o "possível" local do aparecimento: uma a 5/7 km (30 estádios), a oeste de Jerusalém, Há-Mosa (cf. Josué 18,26), outra seria *El Cubeibeh*, a 12 km (ou Abou Gosh, a 13 km), ou também Ie'arîms, a caminho de Jafa. Alguns manuscritos e Padres da Igreja leem "160" estádios (= 30 km), distância com a qual podemos atingir Amwas (Ammaous Nicopolis), perto de Latrum. Há alguns documentos rabínicos que sugerem a presença de cristãos em Emaús (cf. André CHOURAQUI, *Lucas*, Imago, Rio de Janeiro 1996, p. 330; BROWN, *Cristo en los Evangelios*, p. 287 – nota 11).

presença que se revela como o insubstituível companheiro de caminhada.³⁵

Victimae Paschali Laudes (louvemos a Vítima Pascal)
(Cantado antes da proclamação do Evangelho)

Victimae Paschali Laudes são as primeiras palavras do canto em poesia ou prosa ritmada (= *sequência*) que segue ao canto da leitura que precede ao Evangelho, e que, há tempo, a tradição litúrgica latina colocou para solenizar o Domingo da Páscoa da Ressurreição. Sem uma data e autoria precisa, presume-se que a composição seja de Vipon de Borgonha († 1050), capelão do imperador alemão Conrad II (tem sido atribuída também a Notker Balbulus, Robert II da França e Adam de São Victor).

Esta preciosa teologia em poesia cantada é uma das quatro sequências medievais que ficaram preservadas no *Missal Romano* do Concílio de Trento (1545-1563). As outras três são: *Veni Sancte Spiritus*, para a solenidade de Pentecostes, *Lauda Sion*, para a festa de *Corpus Christi* (do Corpo e Sangue do Senhor), e *Stabat Mater*, recomendada para ser cantada na Sexta-feira Santa, no final da celebração, lembrando carinhosamente as dores de Maria.

---

35 É interessante apreciar a leitura do que o papa Bento XVI descreve como o que seriam as características das aparições do Ressuscitado: "A essa dialética de reconhecer e não reconhecer corresponde a modalidade da aparição. Jesus chega através das portas fechadas, apresenta-Se de improviso no meio deles. E correlativamente desaparece de maneira improvisa, como no fim do encontro de Emaús. É plenamente corpóreo; todavia, não está ligado às leis da corporeidade, às leis de espaço e tempo. Nessa dialética surpreendente entre identidade e alteridade, entre verdadeira corporeidade e liberdade dos vínculos do corpo, manifesta-se a essência peculiar, misteriosa, da nova existência do Ressuscitado. Com efeito, são válidas as duas coisas: Ele é o mesmo, ou seja, Homem de carne e osso, e Ele é também o Novo, Aquele que entrou num gênero diverso de existência" (BENTO XVI, *Jesus de Nazaré. Da entrada em Jerusalém até a Ressurreição*, Planeta, São Paulo 2011, p. 238).

Estas sequências não aparecem no atual *Missal Romano*, no entanto, respeitando a devoção popular, ainda são devotamente cantadas pelo povo nas celebrações acima mencionadas. Ao longo dos tempos, o o texto foi musicado por exímios compositores, entre eles Busnois, Willaert, Palestrina e Perosi.[36]

Sequência Pascal (versão para ser cantada)
1. Cantai, cristãos, afinal: / "Salve, ó vítima pascal!" / Cordeiro inocente, o Cristo / abriu-nos do Pai o aprisco.
2. Por toda ovelha imolado, / do mundo lava o pecado. / Duelam forte e mais forte: / É a vida que vence a morte.
3. O Rei da vida, cativo, / foi morto, mas reina vivo! / Responde, pois, ó Maria: / No caminho o que havia?
4. "Vi Cristo Ressuscitado, / o túmulo abandonado, / os anjos da cor do sol, / dobrado ao chão o lençol.
5. O Cristo, que leva aos céus, / caminha à frente dos seus!" / Ressuscitou, de verdade! / Ó Cristo Rei, piedade!

Segundo Domingo da Páscoa

Professemos a fé apostólica, que agora e sempre é nossa.

Ano A

Atos 2,42-47: O texto mostra que as comunidades cristãs primitivas estavam alicerçadas na fé e na partilha; isto é,

---

36 Cf. <http//em.wikipedia.org/wiki/victimae_paschali_laudes>; *Dicionário de Liturgia*, p. 1276.1279. Para os cristãos da América Latina, esta sequência é carregada de intenso sentido libertador porque "a Vida venceu a morte". Reunidos em comunidade para viver com o Ressuscitado a Vida que ele nos mostrou, sabemos que percorremos o caminho certo.

no ensinamento dos apóstolos, na escuta da Palavra, na fração do pão (celebração da eucaristia), nas orações e na comunhão fraterna. A singeleza nas atitudes, a alegria compartilhada e a solidariedade para com os pobres atraíam o povo, multiplicando o número dos seguidores do Senhor.

Salmo 117[118],2-4.13-15.22-24: O Salmo, relido na perspectiva cristã, convida a dar graças pela vitória de Cristo, que, por meio da sua ressurreição, se tornou a pedra angular, o alicerce do edifício da vida cristã.

1Pedro 1,3-9: Esta Carta é de consolação para os cristãos oriundos do paganismo (na Ásia Menor), ameaçados pela perseguição. A comunidade, em meio a provações e discriminações, reafirma sua fé e sua esperança em Cristo ressuscitado. A primeira parte desta leitura é composta de um hino litúrgico antigo (v. 3-5), mediante o qual os cristãos dão graças ao Pai pela esperança viva revelada na ressurreição de Jesus Cristo; a segunda (v. 6-9) considera a vida cristã que nasce da nova revelação instaurada entre Deus e o ser humano.

João 20,19-31: Felizes os que creem sem terem visto. Trata-se do fim do Evangelho de João (o capítulo 21 é um epílogo). A Páscoa da ressurreição é uma nova criação. A primeira geração teve o privilégio de ver e apalpar no ressuscitado as marcas do sofrimento (Tomé), que inauguram esta nova realidade; as gerações seguintes "serão felizes", pois deverão crer por seu testemunho; o testemunho escrito das testemunhas oculares, para que crendo tenham a vida em seu nome, pois, para João, quem crê já tem a vida eterna (cf. João 5,24). A partir deste momento, a comunidade dos discípulos não consiste só nos Doze reunidos em um determinado lugar e tempo; todo aquele que crê se faz discípulo e, por causa disso, bem-aventurado, mesmo que não tenha visto Jesus *sensivelmente*. A visão de fé é o único modo de entrar em contato com Jesus.[37]

Ano B

Atos 4,32-35: O livro dos Atos ressalta que a experiência de amor da comunidade de fé no Senhor ressuscitado manifesta-se na atitude de comunhão fraterna e na partilha dos bens. Pois a comunidade que se alicerça no amor fraterno e na partilha dos bens é testemunho crível da presença do ressuscitado que perdura ao longo dos tempos.

Salmo 117[118],2-4.16ab-18.22-24: *Deus é minha força e coragem*, canta o Salmo, celebrando a "eterna misericórdia" do Senhor que salva os que a ele se confiam. O dom inesperado da salvação prepara o coração para celebrar as maravilhas de Deus.

1João 5,1-6: Nesta Carta João explica que em Jesus se manifesta plenamente o Amor de Deus, porque Deus é Amor. Porque Deus nos amou primeiro, nós também devemos amar e, como não podemos ver a Deus, podemos e devemos amá-lo concretamente nos irmãos e irmãs que vemos, especialmente os mais fracos e vulneráveis. Pela fé em Jesus Cristo, pelo Batismo e na força do Espírito que ele envia, constitui-se a comunidade de seus irmãos e irmãs, filhos e filhas de Deus. Impulsionados pela palavra de Cristo, os que aderem à comunidade devem amar-se mutuamente como Deus os amou em Cristo.

João 20,19-31 (ver comentário ao mesmo Evangelho – *Ano A*).

---

37 Cf. *Bíblia Sagrada* – Edição de Estudos, Ave-Maria, São Paulo 2011, p. 1730.

Ano C

Atos 5,12-16: Vendo uma comunidade realmente fraterna e solidária, acompanhada pelo testemunho do amor fraterno, as pessoas perguntam: Que significa isso? A união fraterna suscita admiração e a confirma pelos sinais que a acompanham...

Salmo 117[118],2-4.22-27: O salmista afirma que a pedra rejeitada tornou-se a pedra angular. Estas palavras assumem agora novos conteúdos e novos sentimentos nos lábios dos que acreditam em Jesus ressuscitado.

Apocalipse 1,9-11a.12-13.17-19: Nesta fantástica visão, o Filho do Homem aparece majestosamente trajado como sacerdote, rei e juiz. Era morto, agora vive (1,18); tem as chaves da morte, ou seja, tem a morte em seu poder (1,8). A última palavra sobre a vida e a história a ele pertence; pois o tempo é nele magnificamente recapitulado.

João 20,19-31 (ver comentário ao mesmo Evangelho – *Ano A*).

Terceiro Domingo da Páscoa

Era preciso que o Cristo padecesse!

Ano A

Atos 2,14.22-23: O texto apresenta o anúncio, "o querigma" da paixão, morte e ressurreição de Cristo. Os fatos da vida de Jesus, sua entrega e morte da cruz, são interpretados conforme o desígnio salvífico de Deus. A ressurreição de Cristo, sua vitória sobre a morte, é testemunhada pelos seus discípulos e por isso nas Escrituras.

Salmo 15[16],1-2a.5.7-11: É o Salmo citado por Pedro no dia de Pentecostes. O salmista entrega-se confiante às mãos de Deus, que ensina o caminho para a vida (v. 8). Numa leitura cristã, neste Salmo é o Cristo glorificado à direita do Pai que realiza plenamente a esperança dos homens.

1Pedro 1,17-21: O autor da Carta exorta a viver uma vida nova na fé e na esperança. A memória do acontecimento libertador, realizado na entrega total de Cristo, torna-se a razão para a mudança de conduta dos cristãos. O autor lembra o evento pascal antigo (cf. Êxodo 12,5) para ressaltar que os cristãos foram resgatados pelo precioso sangue de Cristo, cordeiro imolado sem defeito e sem mancha (v. 18-19).

Lucas 24,13-35 – O assombro dos discípulos de Emaús (ver comentário do Domingo da Páscoa de Ressurreição – celebração da tarde).

Ano B

Atos 3,13-15.17-19: O texto narra a experiência de Pedro que cura um aleijado em nome de Jesus. Os apóstolos oferecem tudo o que têm: não têm ouro ou prata, mas a vida em nome de Jesus ressuscitado. Jesus está vivo e age no meio da comunidade. Assim, Pedro exorta todos a confiar em Cristo para mudar de vida e aderir à Boa-Nova do Ressuscitado. A primeira comunidade, iluminada pelo Espírito do ressuscitado, descobriu que Jesus era mesmo o esperado, o dom de Deus, a última palavra do Deus da vida e de nossa história.

Salmo 4,2.4.7.9: O salmista expressa sua total confiança no Deus da história que, na plenitude dos tempos, defende e salva a todos em Jesus Cristo, autor da vida, vencedor do pecado. Assim canta a assembleia: "sobre nós fazei brilhar o esplendor de vossa face, ó Deus do universo".

1João 2,1-5a: A primeira Carta de João afirma que conhecer Deus é guardar seus mandamentos. O conhecimento de Deus requer atitudes concretas de envolvimento, de escuta e de vivência de seus projetos, revelados em Jesus Cristo. A história pós-pascal é a história da encarnação, de sua mensagem de amor fraterno, conforme o preceito de Jesus. No amor fraterno da comunidade cristã, o mundo enxerga o Ressuscitado, o Cristo vivo.

Lucas 23,35-48: Jesus aparece aos Onze.[38] Um sepulcro vazio não convence ninguém... Os Onze precisam da presença do Ressuscitado para que seus olhos e seu coração se abram. A fé na ressurreição é dom de Jesus e do seu Espírito. Jesus aparece à primeira e amedrontada comunidade dos Onze, e lhes mostra que na Lei de Moisés, nos Profetas e nos Salmos, isto é, nas Escrituras, está escrito a respeito dele, sobretudo que deve sofrer e morrer e, no terceiro dia, ressuscitar. O evangelista recorre a elementos sensíveis e materiais; comer pão e peixe assado sublinha que o encontro do Senhor glorioso com os seus é uma experiência única e determinante.[39]

---

[38] De acordo com estudos bíblicos atualizados, deve-se concordar que "tecnicamente" o grupo inclui os "Onze" e "outros companheiros" (24, 34). Não obstante, como esses companheiros "não são identificáveis" em momento algum (não desempenham um papel específico) (cf. Atos 1, 14), a tradição literária colocou apenas os "Onze" como primeira referência (cf. BROWN, *Cristo en los Evangelios del* año *litúrgico*, p. 293 – nota 19).

[39] Com os elementos apresentados, Lucas realiza um grande esforço para esclarecer que Jesus *não é um espírito e nem um fantasma*. As motivações para tal apresentação poderiam ser: a) refutar os que não acreditavam na ressurreição (24,39: *Sou eu mesmo!*), b) corrigir aos *docetas* (heresia dos séculos II a IV, segundo a qual Jesus Cristo teria apenas um corpo aparente, etéreo) e c) criticar os *agnósticos* cristãos incipientes, os quais negavam que houvesse um elemento corpóreo na vitória de Jesus sobre a morte (24,39: *Um espírito não tem carne, nem ossos, como estais vendo que eu tenho*) (cf. *Idem*, p. 294-295).

Ano C

Atos 5,27b-32.40b-41: A comunidade apostólica liderada por Pedro dá testemunho do Mestre até o sofrimento e a tortura. Pedro, que já fora pedra de tropeço (escândalo), agora aprendeu o sentido do Amor oblativo. Os apóstolos professam corajosamente a fé e o amor a Jesus ressuscitado. O Espírito de Jesus lhes deu uma compreensão que não haviam captado durante a vida pública do Senhor. A este ponto, é significativo perceber como o laço que une cada cristão com a comunidade é fundamental para entender o que Cristo realiza *nela* e *por ela*. Muitas pessoas dizem acreditar em Jesus, mas não querem comprometer-se com a comunidade eclesial (a Igreja). É no testemunho da Igreja que Jesus ressuscitado vive para o mundo. Querer ter Jesus sem a Igreja é como querer transportar água sem balde.

Salmo 29[30],2.4-6.11-13: O salmista louva Deus porque foi libertado. Assim, em Cristo ressuscitado, pode-se perceber que sua ressurreição não é – digamos – uma esponja que absorve/apaga todos os sofrimentos, mas a luz que dá sentido e nome aos sofrimentos humanos: a Cruz.

Apocalipse 5,11-14: O texto do Apocalipse (anos 90 d.C.) quer reacender a fé das comunidades joaninas no Cordeiro imolado, agora vivo e ressuscitado junto do trono de Deus. Apesar das situações de morte que a comunidade está vivendo, a visão de João aponta para uma grande liturgia no céu. Multidões de anjos entoam um hino ao Cordeiro. Ele recebe então sete atribuições que coroam seu serviço oblativo aos irmãos e irmãs: poder, riqueza, sabedoria, força, honra, glória e louvor.

João 21,1-19 ou 21,1-14: Jesus aparece e chama Pedro para guiar o rebanho. O texto apresenta um bonito testemunho da familiaridade que existia entre o Senhor ressuscitado o os seus discípulos. Neste clima podemos entender que ao primado do amor professado por Pedro, Jesus responde com a concessão do encargo de apascentar o seu rebanho.

Pedro, um pouco decepcionado e amargurado, vai pescar. Graças à benfazeja intervenção de Jesus as redes enchem, a fartura acontece (153 peixes grandes!),[40] todos matam a fome e o Mestre é reconhecido. A seguir, Jesus, partilhando o pão e o peixe, prepara uma refeição para alegrar o coração dos discípulos. Depois, Jesus vai pedir a Pedro uma confirmação de seu amor e sua fidelidade. Pedro deve fundamentar sua autoridade (serviço às comunidades) no amor/doação (ágape): total, gratuito, recíproco. Jesus não quer de Pedro apenas uma amizade de bem-querer ou coleguismo, que fraqueja fácil; vai, por isso, repetir por três vezes a pergunta que o confirme no seguimento do Senhor. As respostas de Pedro brotam do amor extremado, acima "de todos e de tudo" (21,17).[41]

---

40 O simbolismo da pesca é enfatizado pela quantidade de peixes apanhados: 153 peixes grandes. É difícil dar uma interpretação definida a esta "precisa" quantidade de peixes descrita pelo evangelista. Alguns pensam que se trate apenas de sublinhar o caráter testemunhal da cena; outros pensam que seja a representação do número completo das diferentes espécies de peixes conhecidas pelos zoólogos gregos (como sugere São Jerônimo), para manifestar a universalidade da missão apostólica; outros tentam calcular o valor numérico dos nomes de Ezequiel 47,10, onde os pescadores às margens do Mar Morto, desde *Engadí* até *Eglain*, jogam as redes e apanham muitos peixes. Pode-se afirmar decerto que o número e o tamanho dos peixes mostra o sucesso que os discípulos obtiveram sob a imprescindível ajuda de Jesus (cf. *Idem*, p. 326)

41 A maioria dos biblistas entende a expressão "mais do que estes" de modo pessoal, isto é, "mais do que [me amam] estes discípulos"; segundo outra possível interpretação, o pronome antes traduzido por "estes" seria um acusativo neutro: "Me amas mais do que a estas coisas (teu trabalho cotidiano de pescador etc.)". Neste caso, Jesus haveria pedido a Pedro que abandonasse a sua profissão de pescador e se consagrasse a servir os futuros seguidores/discípulos do Mestre (cf. *Idem*, p. 329 – nota 13).

Quarto Domingo da Páscoa

O Bom-Pastor dá a sua vida pelas ovelhas!

Ano A

Atos 2,14a.36-41: O texto destaca que Jesus foi constituído Senhor e Cristo (Ungido). Esses dois títulos expressam a "profissão essencial da fé cristã". Jesus é o Cristo, isto é, o Messias, o Ungido do Pai. É o Verbo (Filho/Palavra) encarnado que assumiu a forma de escravo até a humilhante morte de cruz, sendo exaltado na glória do Pai e proclamado Senhor. A escuta e o acolhimento da mensagem de salvação leva à conversão e ao Batismo em nome de Jesus Cristo. Assim, os cristãos tornam-se aptos para receber o dom do Espírito Santo, a vida nova de filhos e filhas do Pai.

O anúncio de Pedro deixou a multidão com o coração "compungido". Por que "compungido"? Pedro anuncia um Deus que se apresenta de modo inaudito: Ele é reconhecível no Messias crucificado, e por isso, sua vida certamente é coroada por Deus (seu Pai). Isto desconcerta fortemente o coração das pessoas que não conhecem o agir amoroso do Pai de Jesus. Por isso, essas pessoas são levadas a mudar a maneira de encarar a vida, a rever a escala de valores em que se apoiam em função da pregação a respeito de Jesus...

Salmo 22[23],13a.3b-6: O salmista confia na liderança do pastor divino até inclusive quando o caminho leva para um vale de sombras e de morte. Os cristãos aplicaram esse pastoreio a Jesus Cristo, como Bom-Pastor, pois "ele me (nos) faz descansar", revelando sua solicitude pelos seres humanos, para restaurar-lhes a vida plenamente.

1Pedro 2,20b-25: O texto da Carta exorta os cristãos a que, vivendo numa sociedade escravista, pelo testemunho da fé, encontrem em Cristo o fôlego e a resistência para transformar em vitória o sofrimento que lhes é imposto. Quem se tornar discípulo contempla a vida de Jesus como um dom de amor incondicional, cujo momento culminante é a paixão salvadora, pois ele "carregou nossos pecados em seu próprio corpo, sobre a cruz, para que vivamos para a justiça" (v. 24).

João 10,1-10: Jesus é a porta de pastores e ovelhas.[42] A exposição nos apresenta a introdução do capítulo 10 do Evangelho de João. A cena campestre apresenta o vaivém de pastores de ovelhas (também de assaltantes e ladrões) no redil comunitário das aldeias da antiga Palestina. Jesus é a porta das ovelhas; conduzidas através dele, as ovelhas encontrarão vida. Só o caminho que conduz através dele é válido. Essa porta situa-se, portanto, na comunidade dos fiéis de Cristo; na comunidade que representa o Cristo, depois da ressurreição, encontramos o que nos serve para sempre: o acesso ao Pai (cf. João 14,6-9). O povo de Cristo é constituído de pessoas que começaram com Jesus uma aventura de confiança e de amor recíproco: "Elas me conhecem e respondem ao meu chamado".[43]

O Senhor Jesus, única porta de salvação, é também aquele que está junto a nossa porta e bate à espera do convite para entrar, cear conosco e nos salvar (cf. Apocalipse 3,20). Como no episódio de Zaqueu, Jesus "deseja pernoitar em casa" para remover os apegos desordenados do coração.

---

42 O 4º Domingo da Páscoa é o *Domingo do Bom-Pastor* (dia mundial de oração pelas vocações): nos três ciclos medita-se, no capítulo 10 do Evangelho de João, a alegoria do Pastor: No Ano A, apresenta-se a "introdução"; nos Anos B e C, ouve-se seu detalhado desenvolvimento.

43 Cf. *La Bible des peuples*, San Pablo, Madrid 2011, p. 215.

Não basta termos a segurança do Bom-Pastor: é preciso segui-lo, escutar sua voz, ser-lhe fiel, não afastar-se dele buscando alimento em pastagens ressequidas e água em cisternas cheias de podridão. O bom-pastor deseja apascentar boas ovelhas, que entrem pela porta do redil e aceitem ser conduzidas para as verdes pastagens e para as águas tranquilas![44]

Ano B

Atos 4,8-12: Os apóstolos Pedro e João dão continuidade à atitude pastoral de Jesus, Bom-Pastor. Eles curam um deficiente físico, ensinam ao povo e anunciam a ressurreição dos mortos em nome de Jesus. Ambos presos e conduzidos ante os chefes do povo, os anciões e os escribas, corajosamente confessam seu amor e sua fidelidade a Jesus, o Nazareno.

Salmo 117[118],1.8-9.21-23.26-28cd: É um Salmo de confiança no Senhor. O salmista descreve a comunidade reunida que celebra a "bondade" e a "misericórdia" de Deus, entoando a ação de graças ao Pai porque em Jesus Cristo ressuscitado nos foi dada a pedra fundamental, motivo de exultação e confiança: atitude dos justos chamados a louvar a Deus, que fez o mundo com uma simples palavra.

1João 3,1-2: A Carta lembra aos membros da comunidade cristã a condição de "filhos de Deus". O apóstolo percebe que esta expressão não é uma metáfora, mas realidade oferecida, consequência do grande amor que o Pai tem pela humanidade. A condição de filhos diferencia os cristãos no mundo. A filiação divina, recebida pelo Batismo, é uma realidade que envolve o fiel por toda a sua vida e implica profunda adesão às obras e às propostas de Deus.

---

44 Cf. Valter Maurício GOERDERT, *Ele está no meio de nós. Meditações pascais*, Paulinas, São Paulo 2003, p. 94-95.

João 10,11-18: O Bom-Pastor entrega humildemente sua vida. Continuamos com a explanação do capítulo 10 de João. Aqui Jesus é apresentado como "Bom-Pastor". A imagem traz sua origem do Primeiro Testamento. Jesus é apresentado como aquele que vem realizar as promessas dos profetas e as esperanças do povo. Ele dá a vida pelas ovelhas, atitude que o diferencia dos "maus pastores", os que exercem o ofício quais funcionários assalariados. O interesse de Jesus é a vida das ovelhas e, por isso, é capaz de doar sua vida por elas. Despojado de projetos pessoais, totalmente aberto à vontade do Pai, abre o horizonte de sua missão para outros destinos quando afirma possuir outras ovelhas que não são desse redil.

O mútuo conhecimento que surge entre Jesus e seus fiéis tem como fonte o *conhecimento mútuo* de Jesus e seu Pai; conhecimento que inclui o amor e a obediência. Por isso, depois de mencioná-lo, fala de dar a vida pelas ovelhas: esse é o mandamento que Jesus recebeu do Pai (10,18).[45]

Ano C

Atos 13,14.43-52: A incompreensão que os apóstolos recebem das autoridades judaicas aconteceu também com Paulo na sua primeira viagem a Antioquia da Pisídia.[46] Pregando a

---

45 Cf. CONFERÊNCIA EPISCOPAL ESPANHOLA, *Sagrada Biblia*, BAC, Madrid 2011, p. 1784.

46 Antioquia da Pisídia, importantíssima antiga cidade grega que pertencia à província romana da Pisídia. Situada no centro da Ásia Menor, perto de Éfeso e Magnésia. Fundada por Seleuco I Nicator (312-280 a.C), em honra a seu pai Antíoco. Erigida numa altitude aproximada a 1.200 metros, era um posto militar avançado dos romanos. Pelo fato de situar-se em uma importante rota comercial, o imperador romano Augusto concedeu-lhe o privilégios de colônia romana. Havia ali uma importante colônia judaica, de homens tementes a Deus e alguns prosélitos, inclusive senhoras de classe social elevada. Atualmente de Antioquia restam apenas algumas ruínas no lugar denominado Yalvaç (perto de Halovaque, na Turquia moderna) (Cf. MONLOUBOU-DU BUIT, *Dicionário Bíblico universal,* p. 42).

palavra aos judeus, Paulo e Barnabé foram objeto de chacotas e blasfêmias. Por causa da inveja, a Palavra foi rejeitada. Rejeição da parte de alguns e acolhimento da parte de muitos outros: eis a dupla reação que a Palavra suscita como prova de que ela é do Senhor, ou seja, daquele mesmo Jesus que foi apelidado de "sinal de contradição", logo no seu primeiro contato com os homens (cf. Lucas 21,34).

Salmo 99[100],1-2.3.5: O salmista liga à alegria cristã a convivência com a provação. De fato a alegria não é motivada por situações exteriores, mas pela consciência do dom sublime a que somos destinatários: o de pertencermos ao Povo de Deus e sermos objeto da Sua amorosa solicitude pastoral.

Apocalipse 7,9.14b-17: O precioso texto manifesta que *a história é um livro fechado* com "sete selos" que só o Cordeiro pode romper e, por isso mesmo, revelar o seu sentido mais recôndito. Por isso, essa história assume por vezes aos olhos dos homens uma configuração caótica e dramática. Mas a visão de João reaviva a esperança, respondendo afirmativamente com a vitória do Cordeiro que nos conduz à salvação. Os que acreditam, pela sua fidelidade, pagarão alto preço (*grande tribulação* – v.14a), mas também pela inevitável fragilidade a que o pecado nos expõe (*lavaram as túnicas* – v.14b) colocando sua esperança no triunfo pascal do Cordeiro. Vencedores com ele, agora seguem o cordeiro glorificado, já não pela fé, mas em espontânea e fraterna proximidade (v. 9.17).

João 10,27-30: O Bom-Pastor dá a vida eterna às ovelhas. Nesta parte do capítulo 10 do Evangelho resplandece o *mistério* de onde provém o dom de dar a vida divina: a união de Cristo com o Pai. Por Jesus Cristo somos conduzidos a Deus, à fonte da água da vida (cf. Apocalipse 7,17). Isto é, Jesus, o Bom-Pastor, nos conduz a Deus e ninguém nos poderá arrebatar dele e do Pai. *Deus é mistério* e, por causa disso, não conseguimos concebê-lo nitidamente; é grande demais para que o possamos descrever; instância última de nossa vida. Mas em Jesus ele se torna "acessível" e "visível". Pois Jesus está tão unido a seu Pai (*união consubstancial*)[47] que para nós ele é a presença de Deus em pessoa, "o Deus humanado".

Enfim, João quer que leiamos esta passagem à luz do que aconteceu no momento em que Jesus encontrou seus inimigos no Horto das Oliveiras (João 18,1-11). Já tendo se consagrado à vontade do Pai (João 12,27-28; 17,19), ele foi a seu encontro, acompanhado pelo pequeno resto de homens fiéis que Deus lhe dera: *Se é a mim que procurais, deixai que estes aqui se retirem* (v. 8b). O Pastor foi enfrentar o lobo para salvar seu rebanho. Dizer que isto "cumpriu" o que Cristo dissera não é impor uma interpretação arbitrária ou fantasiosa; a qualidade ética e espiritual da ação pela qual Cristo dá a vida eterna aos homens é precisamente a qualidade demonstrada, dentro duma situação limitada, em sua entrega espontânea no horto.[48]

Quinto Domingo da Páscoa

Jesus, Caminho, Verdade e Vida, doa novos mandamentos para sermos novas criaturas.

---

47 *Consubstancial ao Pai* quer dizer "um só Deus com ele" (partilha da mesma divindade); isto é, consubstancial ao Pai segundo a divindade, consubstancial a nós segundo a humanidade (Concílios de Constantinopla [381] e Calcedônia [451]; cf. CATECISMO DA IGREJA CATÓLICA 242.262.467.663).

48 Cf. Charles Harold DODD, A *interpretação do Quarto Evangelho*, Paulus-Teológica, São Paulo 2003, p. 556-557.

Ano A

Atos 6,1-7: O texto destaca que a comunidade, diante dos desafios que vão surgindo, organiza sua missão. O crescimento da comunidade e a necessidade de dar caridosa assistência às viúvas suscitam o surgimento de novas lideranças (os diáconos). Os Doze apóstolos reuniram-se com os discípulos e juntos escolheram sete homens repletos do Espírito Santo para cooperar na obra da evangelização, especialmente para pregar a Palavra de Deus e acolher os pobres, particularmente as viúvas e os órfãos.[49]

Salmo 32[33],1-2.4-5.18-19: O salmista convida a dar graças a Deus porque sua bondade e sua fidelidade se revelam na criação do universo e na caminhada libertadora do povo. Os fiéis esperam na misericórdia do Senhor, pois ele ama o direito e a justiça.

1Pedro 2,4-9: Por meio da vida, morte e ressurreição, Jesus tornou-se a pedra viva, o alicerce seguro sobre o qual se pode construir um novo edifício espiritual que acolha a nova e definitiva presença de Deus (cf. v. 9). Pelo Batismo, os cristãos tornam-se pedras vivas de um povo renovado pela graça de Deus.

João 14,1-12: Jesus é o Caminho para a revelação do Pai. O Evangelho evidencia que a partida de Jesus para a casa do

---

[49] A modo de curiosidade: É interessante saber que o texto de Atos é particularmente citado na Oração de Ordenação dos Diáconos Permanentes: "*Assim, no início da Igreja, os Apóstolos do vosso Filho, movidos pelo Espírito Santo, escolheram sete homens de bem para ajudá-los no serviço diário...*" (cf. PONTIFICAL ROMANO, Paulus, n. 235, p. 173). No entanto as *Diretrizes para o Diaconato Permanente da Igreja no Brasil*, tratando sobre Atos 6,1-6, diz que o texto "não [fala] explicitamente de diáconos, ao menos no sentido atual do termo" (*Diretrizes* n. 1, p. 15). A hermenêutica bíblica também é concordante com o fato de *não reconhecer* nestes "sete homens" a instituição do Diaconato na Igreja (cf. ALMEIDA, "Os diáconos no Novo Testamento. Um mergulho nas fontes", in REB 71-282, abril 2011, p. 348-389).

Pai através da morte e ressurreição deixou perturbado o coração dos discípulos. Tomé e Filipe representam a comunidade em busca da libertação do medo que impede qualquer iniciativa missionária. Os discípulos ainda não tinham compreendido que Jesus, mediante sua vida e sua missão, indicou o caminho a seguir para chegar ao Pai (cf. João 14,6). Isto cria dificuldades, que são discutidas num diálogo no qual Tomé, Filipe e Judas são os interlocutores. Conclui-se que a "volta" de Cristo deve ser entendida no sentido de que Cristo continuará realizando suas obras poderosas nos discípulos porque o Paráclito (o Consolador) habita neles. Quando João fala de Jesus-Vida, dá a entender Jesus como "vida doada". Daqui se conclui que a verdadeira vida doada por Jesus é a vida eterna. Não existe verdadeira vida onde não é possível vencer a morte. Agora, só Jesus venceu definitivamente a morte e a venceu para nós também; apenas ele é a Vida, a verdadeira Vida. E só ele é a verdade, porque só ele pode revelar-nos e fazer-nos conhecer o Pai, como doador de Vida.[50]

Ano B

Atos 9,26-31: O texto narra a estadia de Paulo em Jerusalém, depois de ter saído de Damasco (após sua conversão). Apesar de Paulo empenhar-se em abrir-se completamente aos discípulos, a comunidade não acredita totalmente que seja um deles; para ser acolhido como tal, precisará da ajuda de Barnabé. No entanto, Paulo segue com entusiasmo apostólico testemunhando Jesus Cristo...

---

50 Cf. Charles Harold DODD, *A interpretação do Quarto Evangelho*, p. 509-510; Mario GALIZZI, *Vangelo Secondo Giovanni. Commento esegetico-spirituale.* 3ª ed. Elledici, Leumann 2006, p. 246.

Salmo 21[22],26b-21.28.30-32: O Salmo descreve um homem (a comunidade) convidado a agradecer ao Senhor Deus porque foi livre da morte certa. Da sua experiência de salvação brota um convite de louvor dirigido a todos os povos.

1João 3,18-24: A Carta apresenta alguns critérios sobre a maneira de viver como cristãos. A prática do mandamento do amor vai além dos sentimentos e afetos; ela se confirma em ações "concretas" que promovem a vida e a felicidade dos irmãos e irmãs.

João 15,1-8: Jesus, a verdadeira vinha. No texto, João, falando da comunhão que já existe entre Jesus e os seus, leva-nos para além do tempo e do espaço, abraçando-os completamente, para perder-se na imensidão de Deus, como se vai ver, depois da ascensão (João 17). Aqui temos a metáfora da videira e dos ramos, com a qual Jesus fala da sua profunda união com os que aderem a ele, amam-no e assumem as suas palavras. Videira e ramos não são duas coisas, mas uma só planta. Têm a mesma seiva, vivem a mesma vida, dão os mesmos frutos. Ceia (contexto), videira (texto) e vinho (quase texto) aludem à Eucaristia (cf. João 6,54-58; Salmo 104,15). Jesus é a videira e nós os ramos, cuja fecundidade, porém, depende da união com ele, cumprindo os seus mandamentos (v. 1-7). A fecundidade não é automática, é a fecundidade do amor, que se concretiza na prática dos mandamentos de Jesus, sobretudo do "seu novo mandamento!".

Nossa vida deve enxertar-se em Cristo, para que nele possamos produzir uva fina, para a mesa da família e para a alegria da festa. Se tentados a viver na independência de Deus, escolheremos o caminho da esterilidade e da morte; se mergulharmos na comunhão com ele, nós nos tornaremos cristãos capazes de produzir muitos e bons frutos para a nossa felicidade e para a alegria dos irmãos e irmãs.

Ano C

Atos 14,21-27: Esta leitura traz presente a conclusão da primeira viagem missionária de Paulo e Barnabé. Voltando da viagem, visitam as comunidades que conheceram na ida, exortando-as a permanecer firmes na Palavra e na fé. Fazer parte do Reino e torná-lo realidade no mundo supõe enfrentar conflitos que vêm da realidade de pecado que existe nele. Mas a fidelidade ao projeto de Jesus Cristo, mesmo com tribulações, traz enorme paz e alegria.

Salmo 144[145],8-13ab: O Salmo produz sua vitalidade quando se torna expressão da experiência viva de crentes, a dos discípulos que através de muitas tribulações entram no Reino de Deus que se estende a todas as gerações (cf. v. 12.13).

Apocalipse 7,9.14b-17: O texto retoma, de certo modo, a profecia de Isaías 65,17 sobre os novos céus e nova terra. Mas amplia sua dimensão para todos os povos e culturas, segundo o projeto de Deus de construir um mundo novo que abrace todos os seus filhos e filhas. Os sinais da libertação do povo serão o fim das lágrimas, da morte, do luto e da dor. Aqueles que acreditarem e permanecerem fiéis, resistindo ao projeto de morte, provarão quão valiosa é a vida nova que vem de Deus.

João 13,31-33a.34-35: Jesus dá um novo mandamento. A cena coloca-nos a despedida de Jesus, entendida – segundo João – como "glorificação" do Filho Amado, trazendo presente toda a vida e a missão de Jesus. Ele nos trata carinhosamente de "filhinhos",[51] para revelar o afeto e o carinho que tem por nós. É este amor pleno, incomensurável que Jesus pede veementemente. Ele é a marca registrada da vivência e do seu seguimento. O amor que nos identifica é o "amor vivido e doado gratuitamente" (cf. João 13,35). Enfim, ele nos deixa seu mandamento do amor, no momento justo, depois de tantos gestos amorosos realizados nos discípulos. Agora seus gestos são a única regra de ouro para nós. Jesus nos manda amar-nos (para demonstrar que o amamos) como ele nos amou.

A esperança dos cristãos, mais do que uma espera confiante e passiva, deve ser, pelo contrário, colaboração operosa e responsável, carregada de solicitude e de diligência, na certeza de que seu verdadeiro protagonismo pertence ao Senhor e a sua graça (cf. Atos 14,23b.26-27).

Sexto Domingo da Páscoa: O Espírito de Jesus nos ensina a viver o Amor Maior.

Ano A

Atos 8,5-8.14-17: O texto apresenta a ação do Espírito Santo promovendo a missão na região da Samaria.[52] Com a perseguição e o martírio de Estêvão, muitos cristãos saem de Jerusalém e anunciam até na Samaria. Felipe, um dos sete

---

51 Esta expressão não existe em aramaico, pois a tradução literal é "pequeninos" (*teknia*, em grego) e aparece esta única vez no Evangelho. Mas, traduzindo o termo "pequeninos" por "filhinhos", consegue-se colher o sentido correto do que realmente se passava no íntimo do coração fraterno e solidário de Jesus (cf. CHOURAQUI, *Iohanán* (*O Evangelho de João*), Imago, Rio de Janeiro 1997, p. 217).

52 A Samaria pertence à região central da Cisjordânia palestina, cuja capital é Samaria. Na Bíblia entende-se como "o país dos samaritanos". Toda esta região teve uma história muito complexa a atribulada. No tempo de Jesus, evitava-se passar pela região (cf. João 4,9), desprezada pelos judeus de Jerusalém (cf. *Dicionario de la Biblia*, Sal Terrae – Mensajero – Santander 2012, p. 710).

diáconos escolhidos, anuncia a Boa-Nova de Cristo, causa de grande alegria na cidade (cf. Atos 6,5). A pregação de Felipe é acompanhada de milagres, ações libertadoras em favor da vida, que manifestam a presença do Reino. Por meio da oração e da imposição das mãos dos apóstolos, manifesta-se o dom do Espírito Santo na pequena comunidade que está se formando.

Salmo 65[66],1-3a.4-7a.16.20: O salmista convida a terra inteira a louvar o Senhor Deus, pois ele manifesta seu Amor ao longo da história da salvação. O salmista lembra as grandiosas ações libertadoras de Deus, como na passagem do Mar Vermelho. Deus escuta os que o invocam com amor e confiança.

1Pedro 3,15-18: A comunidade cristã é chamada a ser sinal de esperança, pois a comunhão com Cristo conduz ao testemunho público de esperança mediante a palavra e a boa conduta. Cristo sofreu por causa da justiça, propiciando o bem supremo, a salvação para toda a humanidade (v. 18). De igual modo, os cristãos são impelidos à prática do bem em meio aos sofrimentos.

João 14,15-21: Jesus doa seu Espírito de Amor. João começa ressaltando o anúncio da partida de Jesus em que, por sua vez, prometera o seu regresso. Ele voltará através do Espírito (temos no versículo 16 a primeira das cinco promessas do Espírito, asseguradas por Jesus na última Ceia). Para isso, a primeira comunidade guardará os mandamentos de Jesus (cf. João 14,15). Assim, os que amam Jesus serão consolados com a promessa da sua vinda no Espírito; isto é, sua própria presença no meio deles. Pelo amor que o Pai tem pelo seu Filho, ele nos envia o Paráclito (*menahém,* em hebraico), "outro Defensor" (o primeiro é o próprio

Filho) para que permaneça sempre com os discípulos (cf. João 14,16-17). O Espírito Santo, enquanto verdade, evoca a revelação e o contraste na acolhida de Jesus como Messias e Filho de Deus. Ele une e fortalece os que creem em Cristo, outorgando-lhes confiança suficiente para enfrentar os desafios da missão no mundo. A experiência de Jesus na montanha situa-se entre dois anúncios da paixão, justificando o projeto do Pai e o seu destino.

Ano B

Atos 10,25-26.34-35.44-48: A cena descrita no texto tem como cenário a grande cidade de Cesareia, na costa da Palestina.[53] Pedro é acolhido por Cornélio, oficial romano responsável (centurião), em Cesareia, por uma unidade básica das legiões romanas.[54] Ouvindo a palavra de Pedro, o oficial e a sua família se convertem e são batizados em nome do Senhor. Uma conversão que se reveste de significado especial para manifestar a expansão do cristianismo entre os gentios; isto é, a convicção de que o anúncio deve atingir todos os homens e mulheres.

Salmo 97[98],1-2-3ab.3cd-4: O Salmo celebra a intervenção vitoriosa de Deus para salvar seu Povo operando mais uma

---

53 Cf. Conhecida como "Cesareia Marítima", a cidade é situada ao sul do Carmelo e ao norte do Sharon. Herodes, o Grande, fez dela a cidade principal de seu reino, dotando-a de uma vigorosa estrutura militar. Cesareia tornou-se residência habitual de Filipe, o helenista. Paulo passou lá diversas vezes, ficando um bom tempo na prisão (cf. Atos 9,30; 18,22; 21,8-16). Existiu ali uma grande Igreja cristã, ilustrada pelo biblista Orígenes e pelo historiador Eusébio (MONLOUBOU-DU BUIT, *Dicionário Bíblico universal*, p. 42).

54 Os centuriões romanos eram oficiais que comandavam um pelotão de 100 soldados. Seis centuriões formavam uma "coorte", sob o comando de um tribuno (cf. Atos 21,31). Cornélio era um dos muitos centuriões que formavam a estrutura do exército romano. Ele professava a fé e o culto judaicos, mas não era um convertido circuncidado (VV.AA., *O mundo da Bíblia*, Paulinas, São Paulo 1986, p. 507.557).

vez "maravilhas" a seu favor, na manifestação de sua bondade e felicidade em benefício de todos.

1João 4,8-10: João escreve às comunidades cristãs da Ásia Menor que atravessavam uma profunda crise. Vacilavam quanto à verdadeira fé por causa da perversa influência dos "separatistas", seita herética fortemente atuante naquela comunidade que negava veementemente a necessidade de praticar a caridade como norma do agir cristão. Com efeito, os cristãos achavam-se conturbados, no sentido de que, pelos ensinamentos de Jesus, a prática do mandamento do amor ao próximo é exigência básica e fundamental da fé e de todo agir cristão.

A exigência do amor ensinado por Jesus possui dois aspectos fundamentais: o Amor que se revela na doação de Cristo por nós (*o amor como dom*) e o amor que nós devemos praticar para com os filhos e filhas de Deus (*o amor como missão*), sendo que o primeiro é modelo e fundamento do segundo. Assim, amor não significa, antes de tudo, que nós amamos a Deus, mas que *Deus nos amou primeiro*, dando seu Filho por nós.[55]

João 15,9-17: O Amor maior consiste em doar a vida por aqueles que se ama. O texto é conhecido como o Evangelho do "mandamento novo". O ressuscitado confia a seus amigos a missão de repartir e de multiplicar seu amor para que a alegria seja completa. São convidados a contemplar o Amor de Deus, revelado na pessoa, nos gestos e nas palavras de Jesus, atualizado e concretizado na vida e nas ações de seus seguidores. A cena do evangelho desenvolve-se durante a ceia; Jesus, numa conversa bem franca, revela-lhes que ele os escolheu e os considera seus amigos e colaboradores.

---

55 Cf. Johan KONINGS, *Liturgia Dominical*, p. 252.

Trata-se de uma conversa densa para que os discípulos entendam a novidade de vida à qual são chamados e não caiam na vanglória nem na presunção do povo da primeira aliança (cf. Romanos 11,17-24; 1Coríntios 10,11ss). São palavras de conforto e de advertência para os discípulos. Devem permanecer unidos a Cristo pela observância dos mandamentos, pois eles são a raiz e o fruto de toda fecundidade!

Aparece muitas vezes a palavra/verbo "permanecer" (ficar bem unido) que, em João, lembra relações, afetos e amor. A união com Jesus é vida concreta, gasta no amor pelos irmãos e irmãs. No amor, as palavras são importantes, os sentimentos também, mas o que decide mesmo são os fatos. A fé é inseparável do amor, e o amor não existe sem os fatos. Unidos a Jesus Cristo produzimos frutos, frutos do amor, que nos tornam amigos seus e participantes de sua alegria.[56]

Ano C

Atos 15,1-2.22-29: A leitura lembra-nos o primeiro Concílio de Jerusalém (o único descrito na Bíblia). As comunidades viviam uma grande tensão ideológica entre os cristãos de origem pagã e os de origem judaica. O movimento *judaizante*, "o partido da salvação pela fé na Lei e pela circuncisão", propunha a obediência à Lei de Moisés (como pertença à comunidade de Israel) representada pelo rito da circuncisão.[57] Paulo e Barnabé contestam este grupo e recorrem aos apóstolos e presbíteros para

---

56 Cf. ALMEIDA, *O Pão Nosso de Cada Dia – Ano B*, maio 2012, p. 43-44.

57 "A circuncisão (c.) [do latim: *circum* (círculo) – *scissio* (cortar) = cortar em círculo] consiste no corte total ou parcial do prepúcio (pele que recobre a glande do pênis) com uma lâmina de sílex. Esta prática entre os judeus é efetuada aos oito dias de nascimento, e aos treze anos entre os muçulmanos. Na época abraâmida, a c. indicava a iniciação dos meninos à vida sexual, praticada pelos povos amonitas, moabitas e tribos do deserto" (cf. CHOURAQUI, *No Princípio (Gênesis)*, Imago, Rio de Janeiro 1995, p. 170).

resolver a questão. A decisão do concílio foi "não impor a circuncisão", mas apenas algumas recomendações (cf. Atos 15,29). É a graça de Jesus que nos salva e não as obras (as prescrições) da lei. Cristo transcende e plenifica a Lei de Moisés, de modo que esta se torna relativa diante da cultura. O que vale é a fé seguida do testemunho atuante. Na verdade, ser cristão é ser livre; nada nem ninguém pode se interpor entre a comunidade e Cristo.

Salmo 66[67],2-3.5-8: O salmista descreve Deus que, manifestando sua benevolência, exerce sua imensa bondade para com todos e reflete, assim, seu mistério, o esplendor do seu rosto amoroso.

Apocalipse 21,10-14.22-23: João apresenta a imagem da Cidade Santa, cercada de uma muralha alicerçada em doze pilares. Nos pilares está escrito o nome dos apóstolos do Cordeiro. Uma cidade iluminada pela glória de Deus (Deus é "a luz" e "a salvação" da cidade). Em linguagem simbólica, a Nova cidade faz referência à Igreja de Cristo e ao tempo messiânico. Sua força vem de Cristo, suas paredes estão alicerçadas no testemunho dos Doze e dos outros mártires. A cidade acolhe a todos os que desejam atingir uma morada segura que não se acaba, sem sofrimentos nem tristezas, cidade da eternidade. Esta realidade não nos evade de nossas responsabilidades na história. É a nossa cidade terrestre que devemos preparar para as bodas com o Cordeiro. Exigência, portanto, de compromisso no concreto do nosso agir histórico, no lado a lado com os homens e mulheres que lutam a fim de que sejam superados os gritos de angústia, os vales de lágrimas, a violência e a dor provindas das guerras.[58]

---

58 Cf. VV.AA., *Uma leitura do Apocalipse*. 3 ed. Paulinas, São Paulo 1986, p. 52; Juan Ignacio ALFARO, *O Apocalipse em perguntas e respostas*, Loyola, São Paulo 1996, p. 109.

João 14,23-29: "A memória" de Jesus nos vem pelo dom do Espírito. A cena nos apresenta o discurso de despedida de Jesus aos discípulos. Uma despedida, certamente, marcada pela esperança e por recomendações sobre a continuidade da missão: viver é guardar as palavras e as atitudes de Jesus (cf. João 14,24). Guardar a palavra de Deus é um dever (cf. 1João 2,5). A ordem é forte para os apóstolos de origem judaica: devem guardar a palavra forte de Deus para atingir a vida e a verdade. Esta vivência e este testemunho se constituem numa relação de amor: amor *a* Deus e amor *de* Deus. A palavra (*dabar*) é o elemento central do Evangelho de João: palavra criadora, que ensina, que orienta, que envia para a missão. Palavra reveladora e transformadora, carregada da esperança que faz acontecer a promessa (cf. João 14,27-29).

Domingo da Ascensão do Senhor

Exaltemos o senhorio de Jesus Cristo que volta a seu Reino definitivo!

Notícia histórica

A festa da ascensão de Jesus celebra-se desde a segunda metade do século IV, e não se tem referências de que a celebração acontecesse antes. Os primeiros testemunhos nos chegam do Oriente, e atestam a festa da "Ascensão" (*análepsis*), muito querida dos gregos. Tratada como "dia solene", celebrava-se no quadragésimo dia depois da Páscoa. São Gregório de Nissa († 394) dá o nome de "Assunção do Senhor". Comprovadamente a festa litúrgica foi amplamente difundida a partir do século V.[59]

---

[59] Santo Agostinho diz que a festa da Ascensão do Senhor era celebrada "*Toto terrarum orbe*" (por toda a redondeza da terra) (cf. Augusto BEGAMINI, *Cristo festa da Igreja*, p. 392).

Pela reforma conciliar do ano litúrgico, a festa foi transferida para o VII Domingo de Páscoa. Assim mesmo, a liturgia da Palavra preservou cuidadosamente as leituras (1ª, 2ª e o *Salmo responsorial*) para os três Anos, mudando apenas os Evangelhos para cada ano.

As primeiras leituras para os três ciclos

Atos 1,1-11: A festa da Ascensão do Senhor não se constitui numa festa de despedida, mas no início de um novo modo de Jesus estar presente entre nós. Assim também assinala o ápice da missão salvífica de Jesus, realizada em sua vida coroada em sua morte e ressurreição. Com Jesus fazendo-se servo, o Pai o elevou como Senhor de tudo e de todos; assim mesmo, nele todo o universo encontra seu sentido e sua referência.

Celebrando sua ascensão, entramos no sentido profundo de sua ressurreição e da missão que ele confiou à sua Igreja e reconhecemos, agradecidos, que nós fomos, com ele, introduzidos na intimidade definitiva de Deus. A atividade missionária é conduzida como a de Jesus, pela ação do Espírito Santo. Os quarenta dias (v. 3b) têm um sentido simbólico ligado ao amadurecimento da fé, à pregação dos discípulos para a missão. Deus oferece a salvação a todos os povos, chamando os discípulos a ser instrumentos de comunicação da Boa-Nova de Jesus.

Salmo 46[47],2-3.6-9: O Salmo celebra a realeza do Senhor sobre toda a terra e sobre todas as nações. Sentado em seu trono de graça e glória, Deus exerce a soberania sobre todos os povos. Para os cristãos, Jesus Cristo ascende vitorioso do abismo da morte para entrar na glória do Pai e receber o nome que está acima de todo nome (cf. Filipenses 2,9-11).

Efésios 1,17-23: A leitura pertence à oração de ação de graças e de súplica que Paulo eleva a Deus. Paulo reitera que a comunidade deve conhecer a esperança à qual foi chamada, ou seja, à vida plena de comunhão com o Pai de Jesus Cristo. Acentua que ele nos concede o espírito de sabedoria e de revelação e ilumina o olhar do coração para compreendermos a extraordinária grandeza do seu poder manifestada em seu Filho, Jesus Cristo, que, através da sua Igreja, continua realizando o projeto de salvação para a humanidade.

Os evangelhos para cada ano litúrgico

Ano A

Mateus 28,16-20 (o amor do Pai revelando-se na exaltação do seu Filho, Jesus Cristo): A perícope de hoje é uma espécie de resumo de toda a obra de Mateus. É como o final de uma sinfonia que retoma e funde numa única harmonia os temas abordados e desenvolvidos ao longo do Evangelho. Assim como os discípulos, os leitores também devem dirigir-se para a Galileia, onde tudo começou, "para o monte indicado por Jesus" (v. 16). Aqueles que se dirigem ao monte conhecem o Filho e recebem o seu mesmo poder (v. 18). Poder de se tornarem irmãos de todos, para que toda pessoa seja imersa no único Amor do Pai e do Filho, que torna todo ser humano capaz de fazer tudo o que Jesus mandou. Os discípulos devem tornar as pessoas discípulos e discípulas do único Mestre (cf. 23,8). Jesus confia aos discípulos uma missão que garante a continuidade de seu programa libertador (cf. Mateus 28,19). Os discípulos devem congregar os povos e torná-los seguidores de Jesus, ensinando-os a observar os seus mandamentos, suas palavras e ações misericordiosas e solidárias. Jesus assegura-lhes sua permanente presença pelo Espírito (cf. Mateus 28,20).

Ano B

Marcos 16,15-20 (Final "canônico" do Evangelho[60] – os sinais do Senhor glorioso): Marcos apresenta, em forma mais ampla, um resumo das aparições de Jesus ressuscitado: a Maria Madalena, aos dois discípulos no campo e aos Onze à mesa. Esta é a aparição do nosso texto. Aqui o evangelista apresenta a ascensão de Jesus como mais uma face da Ressurreição; é a sua glorificação, sua última aparição e o início da missão dos discípulos. Enviado pelo Pai, Jesus cumpriu sua missão. Enviados por Jesus, somos chamados a dar testemunho dele no mundo todo, perante todo ser humano, até o fim dos tempos. A fonte da missão é o Pai, na sua misericórdia para todos os seus filhos e filhas. O Filho é o primeiro enviado porque o ama e o conhece. Depois dele, são enviados por ele e como ele aqueles que o reconheceram como irmão. A Igreja é apostólica porque chamada a continuar a obra de Jesus. Ele opera com os discípulos feitos missionários e confirma sua obra evangelizadora com sinais libertadores e milagrosos. Há um fato surpreendente: Jesus

---

[60] Este final de Marcos (apêndice canônico) não é propriamente dele, no entanto faz parte dos textos considerados "inspirados". É provavelmente de algum copista que, considerando "inacabado" o texto (cf. Marcos 16,9), ou achando que se perdera a última página do códice que a continha, achou por bem acrescentar-lhe este segundo final. Na opinião de muitos não respeita a visão de Marcos, mas é um texto precioso pela quantidade de dados que recolhe. Observação: *Códice* é um composto de "folhas" de papiro ou pergaminho dobradas, ajuntadas e amarradas numa das margens; essas folhas eram escritas em ambos os lados e protegidas por uma capa (cf. ALMEIDA, *O Pão Nosso de cada dia*, outubro 2012, p. 66-67; Gianfranco RAVASI, *Secondo Le Scritture. Doppio commento alle letture della domenica – Anno B*, Piemme, Casale Monferrato 1993, p. 143).

reprocha a dureza de coração dos Onze, mas depois lhes confia o ministério da pregação do Evangelho! Que melhor modo de manifestar que a graça de Deus – e não mérito nosso – seja o elemento principal da boa notícia proclamada por Jesus.

Ano C

Lucas 24,46-53 (preparação para a missão): Este texto de Lucas surge na cena da aparição de Jesus aos apóstolos, após o episódio dos discípulos de Emaús. Jesus ressuscitado lhes abre o coração para a compreensão das Escrituras; para perceber o que estava anunciado e incluído, sem dúvida, o desígnio divino da morte e ressurreição de Cristo. Esse será o inédito conteúdo de toda pregação do Evangelho, a ser anunciado pelos enviados para levá-lo a todas as nações.

Jesus confia aos discípulos a missão de levar a todos os homens a salvação realizada no acontecimento pascal. A narrativa da Ascensão conclui a manifestação visível de Jesus ressuscitado; conclui também o Evangelho.

Lucas deu à cena o aspecto de uma solene liturgia final: há um gesto de bênção de Cristo (v. 50-51), antecipando o envio do Espírito Santo como "força do Alto" a ser derramada para dar continuidade à missão evangelizadora e reconciliadora.

Domingo de Pentecostes

O Espírito do Senhor encheu todo o universo: ele mantém unidas todas as coisas e conhece todas as línguas. Aleluia!

Notícia histórica

O mistério de Pentecostes (*pentekostè hemera*) é a herança judaica da "festa das Semanas", que caía justamente a 50 dias da Páscoa (em sua origem, foi chamada "festa das Colheitas"). A festa das Semanas lembrava a promulgação da Aliança no Sinai, muito celebrada por sinal no ambiente de Qumran, cujos adeptos eram chamados precisamente de "filhos da Aliança".

No cristianismo nascente, a Igreja não a recordava com uma celebração litúrgica própria. O nome aparece frequentemente nas fontes dos séculos II e III (especialmente em Tertuliano). Não era um só dia festivo cinquenta dias depois da Páscoa; abraçava, na verdade "os cinquenta grandes dias" ou "os cinquenta dias de Páscoa". Período todo de regozijo, de assombro, de gozo na nova vida no Espírito do Ressuscitado; período de celebração absoluta, quando se desejava que o Espírito transformasse a comunidade para que a sua vida e a vida de Cristo fossem uma "só carne" finalmente. Resulta daí a proibição de jejuar, de rezar de joelhos e de praticar qualquer forma de penitência.[61]

O desenvolvimento litúrgico de Pentecostes iniciou-se no século IV, quando surgiu o costume de reservar à vigília noturna desta solenidade o ato de conferir o Batismo àqueles que não o haviam podido celebrar na noite da Vigília Pascal. A celebração seguia, de alguma maneira, os passos rituais da mesma Vigília, incluindo a bênção da fonte com a água batismal, seguida da celebração do Batismo e da crisma dos catecúmenos. Temos preciosa referência desta vigília nos sermões de Santo Agostinho e São Leão Magno, dirigindo-se aos neófitos batizados na noite anterior.[62] No

---

61 Cf. MARSILI, *Sinais do Mistério de Cristo*, p. 532-533; CHITTISTER, *El Año Litúrgico*, p. 162-167.
62 Cf. BERGAMINI, *Cristo, festa da Igreja*, p. 397.

sentido celebrativo e bíblico, a festa de Pentecostes coincide com o "Dom do Espírito Santo" (cf. Atos 2,1; 20,16; 1Coríntios 16,8).

As leituras e o Evangelho iguais para os três anos A-B-C

Vigília de Pentecostes

Gênesis 11,1-9 (e outros textos):[63] A humanidade, dispersa por toda a terra depois do dilúvio, procura a unidade na construção de uma cidade. Os homens querem também edificar uma torre (Babel = confusão) para atingir os céus e se tornarem famosos.[64] Deus intervém para pôr a descoberto o pecado de arrogância e soberba. Na verdade, o que impede aos homens a fraternidade entre as nações não é a diversidade das línguas, mas a prepotência, que transforma as diversidades humanas. Estas deveriam contribuir para fortalecer as atitudes que constroem, no entanto nos deparamos com ocasiões de domínio e subordinação.

Salmo 103[104],1-2a.24.35c.27-28.29bc.30: O Salmo canta a grandeza de Deus que reluz na beleza da Criação, autêntico espelho de sua glória. Aquele que fez com sabedoria

---

[63] Podem ser escolhidas oportunamente outras primeiras Leituras e Salmos; para as primeiras leituras: Êxodo 19,3-8.16-20; Ezequiel 37,1-14 ou Joel 3,1-5; para os Salmos: Salmo 32,10-15 ou Salmo 103,1-4.6-7.17-18.

[64] A torre em forma de templo recorda os *zigurates* mesopotâmicos. A técnica da construção corresponde exatamente ao que se fazia na Babilônia: não é pedra, mas tijolo cozido de que fala a epopeia de Gilgamesh. Os zigurates deveriam ter, na base, mais de 90m de lado, e uma altura equivalente. Escadas ou rampas o contornavam, levando a terraços de dimensões progressivamente menores. No vértice achava-se um santuário. O templo de Babilônia chamava *Etemenanki*; isto é, "casa em cima da qual são construídos o céu e a terra". Provavelmente o zigurate a que faz referência a Bíblia poderia tratar-se de uma edificação em honra do deus Marduk (cf. CHOURAQUI, *No Princípio (Gênesis)*, p. 118-119; MONLOUBOU, *Dicionário Bíblico*, p. 78; *Diccionario de la Biblia*, p. 846).

todas as coisas continua a cuidar das suas criaturas dando com abundância tudo o que serve para alimentar sua vida.

Romanos 8,22-27: Paulo coloca a esperança cristã no horizonte da atuação de Deus que abraça todas as criaturas. Com a imagem do "parto", inspirada nos textos dos profetas, o apóstolo comunica a expectativa de um futuro de redenção para todos, confirmado pela presença do "Espírito" que inspira e orienta segundo os desígnios salvíficos de Deus.

João 7,37-39 (o lado aberto de Cristo, fonte do Espírito): Na conclusão dos sete dias da festa dos Tabernáculos (o sétimo de *Soukot*), quando no átrio do Templo de Jerusalém se cumprem os ritos para implorar as chuvas, Jesus apresenta-se – clamando com força profética – como fonte que mata a sede para os que creem (v. 37-38).[65] Isto é, para os homens sedentos de salvação e de valores perenes, Jesus declara solenemente que só ele satisfaz toda necessidade e todo mais nobre desejo. Ele é a rocha de onde jorram as águas; a fonte da vida e da salvação que sacia todo o que crê nele (cf. Isaías 55,1.3a). A água que jorra do seu lado aberto simboliza o "Espírito" que Jesus concede à sua Igreja após a sua morte e ressurreição; alusão também a Jesus como novo Templo, o templo messiânico, do qual emanarão no futuro, para toda a humanidade, fecundos rios de água viva. Esse manancial brota da fonte que nasce do Amor do Pai derramado em Cristo para toda a humanidade (cf. Ezequiel 47,1-2; Zacarias 13,1; 14,8; Salmo 78,15-16).[66]

---

65 Cf. Estamos no dia de *Hosha'na Raba*, no qual os hebreus faziam numerosas libações no Santuário com a água que eles tiravam da piscina de Siloé, em vasos de ouro. Era o fim do verão e todo mundo esperava as chuvas que fecundariam a terra e dariam o alimento ao povo (CHOURAQUI, *Iohanân – O Evangelho segundo João*, Imago, p. 138).

66 Jorge ZEVINI, *Evangelho segundo João. Comentário Espiritual*. 2ª ed. Dom Bosco, São Paulo, p. 198.

Parece impossível que o Evangelista não esteja pensando nas referências bíblicas que o próprio Jesus deu dele mesmo: Jesus é a verdadeira Rocha, o verdadeiro Templo, o verdadeiro ponto de encontro entre Deus e o homem. Jesus é aquele de quem todos podem aproximar-se para nascer da água e receber o dom do Espírito que nos faz filhos e filhas de Deus, criaturas novas (pelo Batismo). Isto é o que Jesus ensina e que para nós, cristãos, já é realidade, porque livremente acreditamos nele. Trata-se de escolher: Jesus se revela e coloca cada seguidor em situação de escolha definitiva.[67]

Missa do dia de Pentecostes – Anos A-B-C

Atos 2,1-11: O milagre das línguas é o cumprimento da palavra de Cristo (Lucas 24,49; Atos 1,4; João 14,16-17.26). Passa como um *vendaval* ao ouvido, como *fogo* aos olhos; mas *permanece* como transformação do *pequeno rebanho* em Igreja missionária. Pentecostes é o tempo da vida e da dignidade para todos, da ternura e da profecia. É a festa da inculturação do Evangelho, da *plenificação* do mistério pascal: a comunhão com o Ressuscitado é completa pelo dom do Espírito, que continua em nós a obra de Cristo e sua presença gloriosa.

Lucas coloca este evento 50 dias após a Ressurreição para ligá-lo ao Primeiro Testamento, quando o Povo de Deus, liberto da escravidão, acampou ao pé do monte Sinai (cf. Êxodo 19,1-25), 50 dias após a saída do Egito, firmando aliança com Javé e se organizando como Povo (cf. Levítico 23,15-22). Como outrora, inaugurada a Primeira Aliança, também agora, com sinais e prodígios, inaugura-se a Segunda: nasce a Igreja, universal e ecumênica, aberta a todas as línguas e culturas. De

---

67 Cf. Mario GALIZZI, *Vangelo Secondo Giovanni*, p. 125.

fato, o Espírito quebra todas as barreiras e faz que os discípulos se comuniquem com todos os povos. Sentiram-se possuídos pelo mesmo Espírito de Jesus, que não é outro que o Espírito de fidelidade à vontade do Pai para a luta em defesa para a vida, para a firme denúncia contra as mentiras e corrupções onde quer que elas existam.[68]

Salmo 103[104],1ab.24ac.29bc.30-34: Este Salmo é um hino ao Senhor, criador e vivificador de tudo o que existe. O salmista bendiz o Senhor com toda a alma (todo o seu ser), pois ele concede a existência às criaturas através de seu espírito ou sopro vital (v. 29-30). É bonita a reflexão que Santo Agostinho faz deste *Salmo*: "O artífice divino põe diante dos nossos olhos as maravilhas de sua obra, a fim de estimular o nosso coração. Vós, por vossa vez, frutificai através de vossas obras. Prestaremos contas do pão que recebemos para compartilhar. Seremos julgados com base nos frutos gerados pelas palavras que vos distribuímos".[69]

1Coríntios 12,3b-7.12-13:[70] Nesta Carta, Paulo confirma as promessas de Jesus: o Espírito Santo, o Advogado, o Consolador, a presença de Jesus no seu corpo místico – a Igreja – promovendo nela a multiplicidade dos ministérios. Os diversos ministérios provêm do mesmo Espírito, do mesmo Senhor que realiza tudo em todos. De fato, os diversos

---

68 Cf. Luís MOSCONI, *Atos dos Apóstolos. Como ser Igreja no início do terceiro milênio?* 2ª ed. Paulinas, São Paulo 2001, p. 86-88 (a leitura do livro todo é recomendável).
69 A. G. HAMMAN, *Os Salmos com Santo Agostinho*, Loyola, São Paulo 1992, p. 119.
70 Para os *Anos B* e *C*, outros textos da Segunda Leitura podem ser escolhidos, a saber: *Ano B*: Gálatas 5,16-25 – O fruto do Espírito; para o *Ano C*: Romanos 8,8-17 – Conduzidos pelo Espírito, filhos de Deus (cf. CNBB, *Diretório da Liturgia – Ano B* (2012), p. 109; KONINGS, *Liturgia Dominical*, p. 121).

dons e as várias manifestações têm Deus como única fonte e agem em benefício do bem comum, para "formarmos um único corpo" (v. 13) que reconhece Jesus como seu Senhor. Com efeito, todos os cristãos, embora diferentes por razões pessoais, étnicas e culturais, formam o único Corpo de Cristo, porque foram batizados num só Espírito, qual fonte do amoroso dinamismo da comunidade (v. 12-13).

Veni Sancte Spiritus
(Cantado antes da proclamação do Evangelho)

Veni Sancte Spiritus são as primeiras palavras (na versão latina) da sequência pascal, chamada de *sequência de Pentecostes*, prescrita para a Solenidade de Pentecostes na liturgia romana. Ela é atribuída – não com exatidão – ao Papa Inocêncio III ou ao Arcebispo de Cantuária, Estêvão Langton (Stephen Langton), que a teria composto por volta de 1200. A sequência é uma das quatro sequências medievais preservadas no Missal Romano (publicado em 1570), fruto do Concílio de Trento (1545-1563). No novo Missal, como já foi dito (sequência Pascal), ela não se conserva, mas é ainda hoje cantada devotamente.

Sequência do Espírito (versão para cantar)

1. Espírito de Deus, / enviai dos céus / um raio de luz! (bis) /
Vinde, Pai dos pobres, / dai aos corações /
Vossos sete dons. (bis)

2. Consolo que acalma, / hóspede da alma, / doce alívio, vinde! (bis) /

No labor descanso, / na aflição remanso, /
no calor aragem. (bis)

3. Ao sujo lavai, / ao seco regai, / curai o doente. (bis) /
Dobrai o que é duro, /guiai no escuro, / o frio aquecei. (bis)

4. Enchei, luz bendita, / chama que crepita, /
o íntimo de nós! (bis) /
Sem a luz que acode / nada o homem
pode, / nenhum bem há nele. (bis).

5. Dai à vossa Igreja, / que espera e deseja, /
vossos sete dons.(bis) /
Dai em prêmio ao forte / uma santa morte,
/ alegria eterna (bis).
Amém! Amém!

João 20,19-23 (O Dom do Espírito, Dom de Cristo ressuscitado):[71] A festa que os cristãos chamam de "Pentecostes" pertence àquela em que os judeus comemoram a proclamação da Lei no monte Sinai. Tornou-se uma das três grandes festas em que os judeus subiam em romaria a Jerusalém (as outras são a Páscoa e os Tabernáculos). Foi nesta festa que aconteceu a "explosão do Espírito Santo", que levou os apóstolos a tomar corajosamente a palavra e a proclamá-la diante da multidão reunida, para anunciar Jesus Cristo. Certamente, seria errado pensar que o Espírito tives-

---

[71] Para os *Anos B e C*, outros textos do Evangelho podem ser escolhidos: *Ano B*: João 15, 26-27; 16,12-15 – Recebereis o Espírito da Verdade; para o *Ano C*: João 14, 15-16.23b-26 – O Espírito Santo ensina todas as coisas.

se sido enviado naquele momento pela primeira vez, pois já João ensina que Jesus comunicou o Espírito no mesmo dia da Páscoa (v. 22). O Espírito está sempre aí agindo no silêncio; mas foi no dia de Pentecostes que *esta realidade se manifestou de modo solene e vibrante ao mundo*.

Jesus glorioso manda o Espírito Santo de junto do Pai para que os apóstolos saiam do "túmulo de seus medos" e se abram à força do Ressuscitado para continuar a exercer o poder de perdoar os pecados e concretizar a obra da divina reconciliação. De fato, os discípulos devem continuar a missão que Jesus dá à Igreja de reconciliar as pessoas consigo mesmas e com toda a comunidade, pois Jesus é "o Cordeiro que tira/carrega o pecado do mundo".

Nós devemos continuar esse milagre de falar uma língua que todos entendam: *a linguagem da justiça e do amor*. O amor é sempre relação: manda as pessoas para fora de si, para o outro. O amor do Pai e do Filho nos impele rumo aos irmãos e às irmãs, para que todos descubram a força desse amor, encontrem-no e o acolham.

O Espírito Santo é o Espírito do Pai e do Filho que nos torna capazes de viver como irmãos, vencendo o mal com o bem (cf. Romanos 12,21). Por isso a missão dos discípulos consiste em perdoar para manifestar o amor do Pai. Dessa maneira, a Igreja, que é comunidade reunida em torno do Ressuscitado, torna-se o sacramento de salvação para todos; deve continuar a missão do Cordeiro que tira o pecado do mundo (cf. João 1,29). Isto nos leva a reconhecer a enorme diversidade de dons no *único corpo da Igreja* (corpo místico/celebrante de Cristo), para ponderar de modo "saudável" as diferenças existentes entre os irmãos e irmãs como experiência de mútuo enriquecimento.[72]

---

72 Cf. ALMEIDA, *O Pão Nosso de cada dia*, junho 2011, p. 37-38.

COMO CELEBRAR O TRÍDUO PASCAL, A PÁSCOA (ASCENSÃO E PENTECOSTES)

Normas universais sobre o Ano Litúrgico – Tempo Pascal (Tríduo Pascal) e Pentecostes –, conforme a *Introdução Geral do Missal Romano* (IGMR)[73]

No decorrer do ano, a Igreja comemora em dias determinados a obra salvífica de Cristo. Durante o ciclo anual, desenvolve-se todo o mistério de Cristo. Nos vários tempos do Ano Litúrgico, segundo a disposição tradicional, a Igreja aperfeiçoa a formação dos fiéis por meio de piedosos momentos de espiritualidade, pela instrução e pela oração, e pelas obras de penitência e de misericórdia (*Sacrosanctum Concilium* [SC] 102-105).

No primeiro dia de cada semana, que é chamado dia do Senhor ou Domingo, a Igreja, por uma tradição apostólica que tem origem no próprio dia da Ressurreição de Cristo, *celebra o "mistério pascal"*. Por isso, *o domingo deve ser tido como o principal dia de festa* (cf. SC 6). A CNBB destaca a

---

[73] Cf. Esquema inspirado no *Missal Romano – Normas Universais sobre o Ano Litúrgico e o Calendário*. 6ª ed. Paulus, São Paulo 1992, n. 18-26, p. 103-104.

primazia deste dia, quando diz com palavras precisas que a cada Domingo, Páscoa semanal, a Santa Igreja torna presente este grande acontecimento, no qual Jesus Cristo venceu o pecado e a morte e derramou seu Espírito de amor e perdão sobre nós. A Cristo, que era, que é e que há de vir, Senhor do tempo e da história, louvor e glória pelos séculos dos séculos.[74]

O Sacro Tríduo Pascal da Paixão e Ressurreição do Senhor nos lembra como o Cristo realizou a obra da redenção humana e da perfeita glorificação de Deus principalmente pelo seu mistério pascal, quando morrendo destruiu a morte e ressuscitando renovou a vida. O Sagrado Tríduo pascal da Paixão e Ressurreição do Senhor resplandece como o ápice de todo o ano litúrgico (cf. SC 5). Portanto, a solenidade da Páscoa goza no Ano Litúrgico a mesma culminância do domingo em relação à semana (cf. SC 106).

A Vigília Pascal, na noite santa em que o Senhor ressuscitou, seja considerada a "mãe de todas as santas vigílias" (Santo Agostinho, *Sermão* 219: PL 38, 1088), na qual a Igreja espera velando a Ressurreição de Cristo, e a celebra nos sacramentos. Portanto, toda a celebração desta sagrada Vigília deve realizar-se à noite, de tal modo que comece depois do anoitecer ou termine antes da aurora do domingo.

O Tempo Pascal começa na Quinta-Feira Santa à noite com a Missa da Ceia (depois do pôr do sol) até a tarde do domingo da Páscoa da ressurreição com as Vésperas. É o ápice do ano litúrgico porque celebra a Morte e a Ressurreição do Senhor, quando Cristo realizou a obra da redenção humana e da

---

74 Cf. CNBB, *Diretório da Liturgia – Anúncio das Solenidades Móveis de 2012*, Edições CNBB, Brasília 2011, p. 38.

perfeita glorificação de Deus pelo seu mistério pascal. Depois de entregar seu corpo e derramar seu sangue, ressuscitou renovando toda a vida do cosmos.

O Tempo Pascal é desenvolvido nos 50 dias entre o Domingo da Ressurreição e o Domingo de Pentecostes. É o tempo da alegria e da exultação, como se fosse um só dia festivo, "um grande Domingo". *São dias de Páscoa* e não após a Páscoa. Os oito primeiros dias do Tempo Pascal formam a "Oitava de Páscoa", celebrados como solenidades do Senhor. Neste tempo, temos a festa da Ascensão, celebrada no Brasil no VII Domingo da Páscoa. A semana seguinte caracteriza-se por preparar a celebração da vinda do Divino Espírito Santo (festa de Pentecostes).

O que ensinam os Lecionários sobre este tempo

Para melhor colher a intenção da Igreja de celebrar frutuosamente a Liturgia da Palavra, colocamos, em forma de tópicos, alguns princípios inerentes à Liturgia da Palavra de Deus, propostos na *Introdução Geral ao Elenco das Leituras da Missa* (ELM), nas páginas introdutórias do *Lecionário*.[75]

1. A Igreja anuncia o mesmo e único mistério de Cristo quando proclama nas celebrações litúrgicas o Antigo e Novo Testamento. Cristo é o centro e a plenitude de toda a Escritura e de toda celebração litúrgica. É o grande biblista São Jerônimo que acrescenta: "Pois, conforme o apóstolo Paulo (1Coríntios 1,24), Cristo é a força e a sabedoria de Deus; aquele que não conhece as Escrituras

---

75 *Elenco das Leituras da Missa* (ELM); o original é *Ordo Lectionum Missae* (OLM).

não conhece a força e a sabedoria de Deus. Quem ignora as Escrituras ignora Cristo"; deverão beber dessas fontes todos os que buscam a salvação e a vida.[76]

2. Pela Liturgia da Palavra, os fiéis escutam, recebem e respondem à Palavra de Deus com fé. Pois a Palavra de Deus é um tesouro espiritual que a Igreja comunica e ensina como "saudável nutrimento" para o povo de Deus. Por isso, é de se desejar que nas celebrações essa Palavra seja *convenientemente preparada e proclamada*[77] de tal modo que os fiéis a escutem devotamente para fazer dela *exterior e interior aconchego*, para que crescendo na vida espiritual sejam suavemente introduzidos no mistério celebrado (cf. IGMR 9; SC 33).

É bonito perceber como, pelo intuito da reforma conciliar, a Igreja deseja que estejamos profundamente motivados para celebrar na Palavra proclamada "a presença de Cristo que vai crescendo" – por assim dizer –, a fim de chegarmos ao cume da sua presença na Eucaristia.[78]

---

76 São Jerônimo, Prólogo do Comentário *In Isaiam prophetam*.

77 "Quem proclama a Palavra de Deus nas celebrações litúrgicas exerce um papel louvável na Igreja", por isso indicamos nossa publicação: Guillermo D. MICHELETTI, *Como proclamar a Palavra: orientações e técnicas para leitores e animadores*. 2ª ed. Ave-Maria, São Paulo, 2011.

78 Cf. José ALDAZABAL, *A Mesa da Palavra I. Elenco das Leituras da Missa*, Paulinas, São Paulo 2007, p. 57-61 (comentários no rodapé aos n. 44-48).

SUGESTÕES LITÚRGICO-CATEQUÉTICAS PARA A CELEBRAÇÃO

Para o Tríduo Pascal, temos várias cores que são utilizadas tanto no espaço celebrativo quanto nas vestes litúrgicas: na Quinta-feira Santa, usamos o branco; para a Sexta-feira Santa, o vermelho, indicando o sentido da paixão do Senhor; e na solene Vigília Pascal do Sábado Santo, o branco ou dourado, pelo esplendor da ressurreição do Senhor. A seguir, em todo o Tempo Pascal, as vestes litúrgicas serão brancas ou douradas; e o vermelho resplandecerá no dia de Pentecostes.

É importantíssimo organizar e desenvolver com os fiéis uma intensa espiritualidade pascal. Infelizmente, temos a impressão de que a Quaresma é um tempo "forte", intensamente vivido, e de que o Tempo Pascal é um "tempo fraco", mais ou menos descompromissado do ponto de vista eclesial e litúrgico, que não muda nada na vida dos cristãos. Haja vista a numerosa presença de cristãos nas representações (encenações) da paixão na Sexta-feira Santa e a sua "notável" diminuição na Vigília Pascal; pior, presença menos numerosa ainda no Domingo da

Páscoa de Ressurreição. Por isso, uma frutuosa programação pastoral para o Tempo Pascal não pode prescindir de uma adequada catequese litúrgica de modo a celebrar o Tríduo Pascal com uma vigorosa participação consciente e saboreada.

O Tríduo Pascal é o centro de todo o Ano Litúrgico e seu ponto alto é a Vigília Pascal: os três dias são como o desdobramento da celebração do mistério central de nossa fé: O mistério Pascal.

Consideremos alguns aspectos teológicos e mistagógicos tocantes a cada dia do Tríduo Pascal

Na Quinta-feira Santa, *celebramos a "Páscoa da Ceia"*: recordamos as palavras e os gestos de Jesus na última Ceia. Noite em que, sendo traído, nos amou até a morte, oferecendo a seu Pai toda a sua vida, simbolizada no seu Corpo entregue e no seu Sangue derramado. É o momento sacramental da Páscoa do Senhor.

Na Sexta-feira Santa *celebramos* a *"Páscoa da Cruz"*: Paixão e morte de Jesus, o justo. Chamados a contemplar com atenção amorosa a cruenta morte do Senhor, na sua bem-aventurada e gloriosa paixão e daí o nascimento da Igreja do lado aberto de Jesus Cristo que repousa na Cruz.

No Sábado Santo, *fazemos memória de sua descida à mansão dos mortos*: Jesus se faz conosco solidário até a nossa morte.

Na Vigília Pascal e no Domingo, *celebramos a Páscoa da ressurreição*: a vitória da Vida sobre a morte. A Vigília Pascal deve se tornar o ponto alto de toda a vida dos cristãos: *a celebração mais importante de sua vida*. É a festa das festas. Noite mãe de todas as noites; noite santa que inaugura a solenidade da Páscoa. "Para nós, cristãos, viver não é outra coisa que vigiar; e vigiar é abrir-se à vida" (Santo Agostino).

Cristo ressurgiu da morte; o Pai o salvou e o glorificou. Cristo é o novo Adão: com ele começa a recriação do mundo. A Vigília Pascal é festa de vigília na espera da luz. O Círio é o símbolo do Cristo Ressuscitado que vence as trevas com a sua luz: Ele é a luz que veio iluminar as trevas deste mundo.

Vejamos ainda outros detalhes que podem ajudar a celebrar melhor estes santos e santificadores dias do Tríduo Pascal

Quinta-feira Santa: neste dia é costume cantar o *Glória* acompanhado pelo jubiloso toque de sinos, triângulos e pandeiros.[79]

– Deve-se consagrar pão suficiente para a Quinta-feira e para Sexta-feira, já que neste dia *não há missa*. Teremos a celebração da paixão do Senhor (respeitando o esquema de uma celebração da Palavra).

– No final da celebração, deve-se retirar a toalha do altar, cobrir (se possível) as cruzes da Igreja e as imagens dos santos e santas.

– O importante da Quinta-feira é que a celebração eucarística seja *reconhecida como verdadeira ceia, como refeição*.

– Sobre a translação do pão eucarístico: o primeiro objetivo é reservar o pão necessário para a comunhão da Sexta-feira, não deve se emoldurar num sentido de adoração. Portanto não deve ter este momento o sentido de "adoração ao Santíssimo". Não deve ser feita a exposição do Santíssimo no "ostensório",

---

[79] O canto do Glória é um hino antiquíssimo e venerável, pelo qual a Igreja, congregada no Espírito Santo, glorifica e suplica a Deus e ao Cordeiro. *Não pode ser substituído por outro canto.* Cantado na celebração da Quinta-feira Santa, depois silencia até a Solene Vigília Pascal, quando se entoa novamente com júbilo após a proclamação da 7ª leitura.

senão deixá-lo guardado no sacrário (até pode-se deixar a portinha aberta) ou expor a âmbula coberta. A capela não deve ser enfeitada de modo a assemelhar-se à festa do Corpo e Sangue de Jesus (*Corpus Christi*). Este momento, liturgicamente entendido, é o momento em que fazemos companhia fraterna e amorosa "*à angustiada oração* de Jesus no horto das Oliveiras".

– Deve-se estender somente até meia-noite. Propomos catequeticamente a leitura e meditação do Evangelho de João 13,1-15.16-30.31-38; 14,1-10.11.14; 15,12-17.18-25; 17,1-26. Nesta ocasião tão especial, aproveitemos o ensejo para propor a meditação de temas ligados à *Campanha da Fraternidade*.

Sexta-feira Santa: O centro de atenção está na Cruz. Celebramos o mistério do amor de Jesus, o justo perseguido, injustiçado e executado pelos pecados da humanidade. O clima que deve reinar é de silêncio profundo e reverencial.[80]

Sábado Santo: A Igreja permanece junto ao sepulcro do Senhor, meditando a sua paixão e morte, a sua descida à mansão dos mortos (o *sheol*) – Jesus penetra no abismo da morte... para dele sair vitorioso e abrir o caminho da esperança que jamais desilude a ninguém. Esperamos na oração e no jejum a sua gloriosa ressurreição.

– Pode-se aproveitar este momento para rezar o *Ofício das Comunidades*, *Salmos* adequados, cantos do Tríduo Pascal, ladainhas, leitura orante dos relatos da paixão. Se houver possibilidade, organizar um retiro espiritual com a comunidade ou

---

80 Uma curiosidade: o anel episcopal simboliza o casamento do Bispo com sua amada esposa, a Igreja (concretizado na sua dedicação pastoral à Diocese), esposa de Cristo sem ruga e sem mancha. Por isso, na Sexta-Feira Santa, lembrando a morte de Jesus, esposo da Igreja, o bispo tira o anel para unir-se à esposa em sinal de luto e dor.

também organizar um ofício de vésperas com procissão à fonte batismal, seguindo uma preciosa e antiga tradição. Isso pode ser feito tanto na tarde (vésperas) do Sábado Santo quanto – ainda melhor – na tarde do Domingo da Ressurreição.[81]

– Na noite santa do Sábado Santo, *a noite mãe de todas as noites*, é recomendável cantar o *Exultet* (proclamação pascal). Deve ser feito de preferência pelo diácono ou pelo presbítero/presidente da celebração. Devemos unir vozes e corações para cantar esta preciosa poesia conservada da tradição cristã que nos lembra a realidade da "passagem" da escravidão para a liberdade do povo escolhido, da morte de Cristo sofredor para a vida luminosa da ressurreição; a passagem – dos fiéis em Cristo – do pecado para a vida divina.[82]

– Achamos importante aproveitar, para a noite do Sábado Santo, o riquíssimo conteúdo catequético das leituras para uma profunda catequese batismal. Seria oportuno organizar um círculo bíblico com as leituras da Vigília Pascal, para os que querem se preparar mais conscientemente à renovação do compromisso batismal durante a noite santa (Johan Konings).

---

81 Há oportunas sugestões litúrgicas e pastorais em: Danilo César dos SANTOS LIMA, "Celebrar as manifestações do Senhor na alegria da fé pascal: um ofício de vésperas com procissão à fonte batismal", in *Revista de Liturgia* 224, março/abril 2011, p. 4-8; "Ofício da tarde no Domingo da Ressurreição com procissão à fonte batismal", p. 17-20; "Vésperas pascais com procissão à fonte batismal: celebrar a memória das aparições do Ressuscitado e a dignidade do Batismo", in *Revista Perspectiva Teológica* 121, Belo Horizonte, setembro/dezembro 2011, p. 389-409; Domingos ORMONDE – Penha CARPANEDO, "Preparando o Ciclo Pascal – Tríduo", *in Revista de Liturgia* 218, março/abril 2010, p. 15-22.

82 O *Exultet* (palavra com que se inicia no texto latino a proclamação pascal) ou mais precisamente *praeconium paschale*, é uma magnífica poesia cantada, cheia de fé, de lirismo e de alegria, atribuída a Santo Ambrósio (cf. B. CAPELLE, "L'Exsultet paschal, oeuvre de Saint Ambroise", in BERGAMI, *Cristo festa da Igreja*, p. 358).

– Seria interessante – a nosso ver –, de anos em anos, em vez de propor a homilia após a proclamação do Santo Evangelho, proferir breves homilias com tópicos ligados a cada uma das oito leituras, após a correspondente proclamação de cada uma delas. Esta forma de desenvolver a homilia tem frutífero efeito catequético no íntimo do coração da assembleia celebrante.

– Em sintonia com as outras Igrejas cristãs, no Brasil, na semana que decorre entre a Ascensão e Pentecostes, realiza-se a "Semana de Oração pela Unidade dos Cristãos". Recomenda-se para esta ocasião uma lembrança especial nas celebrações eucarísticas, sobretudo na oração universal dos fiéis, e preparar oportunamente a celebração da *missa votiva pela unidade da Igreja* (cf. CNBB, *Diretório Ecumênico*, 22.24).

Tríduo Pascal: tanto na Ceia do Senhor como na Vigília Pascal do Sábado Santo, a Igreja recomenda vivamente *distribuir a comunhão nas duas espécies* para realizar mais plenamente o seu aspecto de sinal do banquete eucarístico e para exprimir de modo mais claro (mais bíblico) a vontade divina de realizar a nova e eterna Aliança no Sangue do Senhor, assim como a relação entre o banquete eucarístico e o banquete escatológico no reino do Pai.[83]

Inspirados na aspersão dos fiéis realizada na Vigília Pascal, é recomendável realizar aos Domingos da Páscoa o *rito da bênção e aspersão de água benta*, com a água benta da Vigília noturna. Esse rito *pode substituir o ato penitencial*, quando feito no início da Missa.[84]

---

83 Cf. *Missal Romano*, n. 281; *Diretório da Liturgia*, n. 13.6, p. 30.

84 Na solene Vigília Pascal, após a entoação da Ladainha dos santos e santas, procede-se à bênção da água batismal. A seguir, a renovação das promessas do Batismo; rito que se encerra com a aspersão à assembleia com a água benta, enquanto todos cantam algum canto apropriado, com referência ao Batismo (cf. *Missal Romano*, n. 42-49, p. 286-290).

Alguns elementos que não podem faltar para a noite da Vigília Pascal

Vestes litúrgicas adequadas para todos os ministérios atuantes.

Círio Pascal: estilete para marcar o Círio; os cinco cravos, varinha para acender o Círio no fogo. No interior da Igreja: suporte para o Círio bem enfeitado.

Velas suficientes para os ministros e para toda a comunidade.

Recipiente (vazio) e aspersório para a bênção com água-benta (a água é apanhada da fonte batismal).

Turíbulo apagado e incenso; pinças para apanhar as brasas do fogo abençoado.

Naveta com o incenso e suporte do incenso (na sacristia).

Cruz processional.

Fonte Batismal ou fonte da água bem destacada na celebração da Vigília Pascal, pois a sua presença é fundamental.

Na credência todo o necessário para a celebração e uma toalha para que o presidente, o diácono e os ministros possam enxugar suas mãos por qualquer eventualidade.

Participar da Vigília Pascal supõe entre outras coisas[85]

1. Preparar-se para esta grande festa durante os 40 dias da Quaresma, participando intensamente das celebrações litúrgicas, intensificando a leitura da Sagrada Escritura, mudança de vida, oração, jejum, prática da solidariedade, participação na Campanha da Fraternidade.

---

85 Cf. Ione BUYST, "Como participar da Vigília Pascal", in *Revista de Liturgia* 229, janeiro/fevereiro 2012, p. 14.

2. Aprofundar de antemão alguns textos bíblicos e litúrgicos da Vigília, com leitura orante, sozinho ou em pequenos grupos... Se possível, participar de uma reunião de preparação ou ler algum texto sobre o sentido desta celebração, *a mais importante do ano litúrgico*.

3. Participar, se possível, dos ensaios de canto, meditando o conteúdo da melodia e da letra, deixando-as ecoar no coração.

4. Envolver-se na preparação prática da celebração, por exemplo: limpar e organizar o local da celebração; preparar todo o necessário para a fogueira, o círio pascal e as velas para a celebração da luz; preparar todo o necessário para as incensações; encarregar-se das flores; preparar a estante da Palavra e a fonte batismal; fazer pães ázimos para a Eucaristia.

5. As pessoas que exercem os mais variados ministérios se preparem espiritualmente para exercê-los conscientemente: acolhida, leitura, salmo, cantos, fogueira, procissões, distribuição da comunhão.

6. Aguardar com profundo desejo do coração o dia e o momento da Santa Páscoa, de modo mais intenso no Sábado Santo, até o início da Vigília Pascal. Preparar o coração e uma roupa digna desta festa!

7. Juntar-se "espiritualmente" a toda a assembleia reunida, sentir-se parte integrante, consciente de que estamos aí pela convocação do próprio Deus. Agir, cantar e orar a uma só voz, de um só coração, de uma só alma... Acompanhar com cada fibra do nosso ser (corpo, mente, coração, espírito) a liturgia da luz, da Palavra, do Batismo, da Eucaristia.

Ver as pessoas, os gestos, cada ação simbólica... como se fosse pela primeira vez. Ouvir cada canto, cada passagem bíblica, cada oração... com o ouvido do coração. Cheirar o incenso e as flores como para inebriar a alma. Entregar-se à ação de Deus; deixar o Cristo ressuscitado agir em nós; deixar-se tocar por seu Espírito, através das ações rituais, renovando, transformando, fazendo-nos passar da morte para a vida, do desânimo para a coragem, da indiferença para a disponibilidade ao amor, do individualismo para uma relação profunda entre as pessoas.

8. . Conservar e manter aceso o coração em festa durante todo o tempo pascal, até a festa de Pentecostes.

Do ponto de vista catequético, insistimos na oportunidade de celebrar as Primeiras Eucaristias paroquiais aos Domingos da Páscoa (seria mais profundo chamá-las de "Festa da iniciação à vida eucarística"), talvez começando pelo Segundo Domingo da Páscoa.

Em apoio desta proposta temos a aprovação de catequetas, liturgistas e publicações específicas. A fundamentação é cristológica: a pedagogia divina insiste no reconhecimento da centralidade de Jesus Cristo, Palavra de Deus feita carne (cf. *Diretório Geral para a Catequese* 143). Nele a eucaristia vincula-se à Páscoa da sua ressurreição: Cristo, cordeiro pascal autêntico; Cristo, servo sacrificado; Cristo, libertador por sua morte e ressurreição; enfim, Cristo, pão da vida. Jesus, como sinal desta aliança pascal, faz-se grão de trigo que cai na terra, morre e dá muito fruto (cf. João 12,23-24; SC 61).[86]

---

86 Detalhados esclarecimentos que alicerçam a exposição em *Dicionário de Catequética*, p. 443.776; CNBB, *Diretório Nacional de Catequese* n. 49abc.122a.129b; CNBB, *Animação da vida litúrgica no Brasil* (Documento 43) n. 92;

Síntese do significado do Tempo Pascal

PÁSCOA
- Luz e Vida plena
- esperança definitiva
- rumo certo
- a alegria do perdão
- presença do Ressuscitado
- comunhão fraterna

TRÍDUO PASCAL
- amorosa doação
- fraternidade
- proximidade
- caridade
- ágape fraterno
- sangue derramado
- paixão
- encontro/alegria
- assombro
- luz esplendorosa
- cósmica novidade

BIBLIOGRAFIA DE REFERÊNCIA

Documentos da CNBB e outros

BENTO XVI, *Jesus de Nazaré. Da entrada em Jerusalém até a Ressurreição*. Planeta: São Paulo, 2011.

_____, *Verbum Domini* (Exortação Apostólica Pós-Sinodal). Paulinas: São Paulo, 2010.

CATECISMO DA IGREJA CATÓLICA. 9ª ed. Loyola/Vozes/Paulinas/Paulus/Ave-Maria: São Paulo, 1997.

CELAM, *Manual de liturgia I. A celebração do mistério Pascal* (Rubén LEIKMAN, Quando celebramos?). Paulus: São Paulo, 2004.

_____, *Manual de liturgia IV. A celebração do mistério Pascal* (Guillermo ROSAS, A celebração do mistério de Cristo no ano Litúrgico). Paulus: São Paulo, 2007.

CNBB, *A Sagrada Liturgia 40 anos depois* (Estudos 87). Paulus: São Paulo, 2003.

_____, *Diretório da liturgia e da organização da Igreja no Brasil* – 2011 (Ano A – São Mateus). Edições CNBB: Brasília, 2010.

_____, *Diretório da liturgia e da organização da Igreja no Brasil* – 2012 (Ano B – São Marcos). Edições CNBB: Brasília, 2011.

_____, *Liturgia em mutirão. Subsídios para a formação*. Edições CNBB: Brasília, 2007.

_____, *Liturgia em mutirão II. Subsídios para a formação.* Edições CNBB: Brasília, 2009.

_____, *Roteiros homiléticos* – Ciclo B. Edições CNBB: Brasília, 2012.

_____, *Roteiros homiléticos* – Tempo Pascal – Ano C. Edições CNBB: Brasília, 2010.

_____, *Roteiros homiléticos da Quaresma* – Ano B. Edições CNBB: Brasília, 2009.

_____, *Roteiros homiléticos da Quaresma* – Ano A. Paulus-Paulinas: São Paulo, 2008.

_____, *Diretório Nacional de Catequese* n. 49. Edições CNBB: Brasília, 1994.

_____, *Animação da vida litúrgica no Brasil* n. 43. Edições CNBB: Brasília, 1989.

JOÃO PAULO II, *Dies Domini*: carta sobre o Dia do Senhor, 1998.

MISSAL ROMANO. Paulus: São Paulo, 1992.

PAULO VI, *Sermão da quarta-feira.* Paoline: Roma, 1966.

Bíblias e dicionários

Bíblia Sagrada Ave-Maria – Edição de Estudos. Ave-Maria: São Paulo, 2011.

CONFERÊNCIA EPISCOPAL ESPANHOLA, *Sagrada Biblia.* BAC: Madrid, 2011.

La Bible des peuples. San Pablo: Madrid, 2011.

L. MONLOUBOU, F. M. Du BUIT, *Dicionário bíblico universal.* Aparecida/Vozes: Petrópolis, 1997.

VV.AA., *Dicionário cultural da Bíblia.* Loyola: São Paulo, 1998.

VV.AA., *Dicionário de catequética.* Paulus: São Paulo, 2004.

VV.AA., *Dicionário de conceitos fundamentais de teologia.* Paulus: São Paulo, 1993.

VV.AA., *Dicionario de la Biblia.* Sal Terrae/Mensajero: Santander, 2012.

VV.AA., *Dicionário de Liturgia.* Paulinas: São Paulo, 1992.

VV.AA., *Leccionário comentado – Quaresma – Páscoa.* Paulus: Lisboa, 2009.

VV.AA., *O mundo da Bíblia.* Paulinas: São Paulo, 1986.

VV.AA., *Uma leitura do Apocalipse.* 3ª ed. Paulinas: São Paulo, 1986.

Livros e artigos sobre o tema

BERGAMINI, *Cristo festa da Igreja. História, teologia, espiritualidade e pastoral do ano litúrgico.* Paulinas: São Paulo, 1994.

_____, "Tríduo Pascal", *in Dicionário de Liturgia.* Paulinas: São Paulo, 1992.

A. CHOURAQUI, *Iohanân (O Evangelho de João).* Imago: Rio de Janeiro, 1997.

_____, *Lucas.* Imago: Rio de Janeiro, 1996.

_____, *No princípio (Gênesis).* Imago: Rio de Janeiro, 1995.

A. DA SILVA, "Em torno do Tríduo e da Vigília Pascal", *in* CNBB *Liturgia em Mutirão. Subsídios para a formação.* Edições CNBB: Brasília, 2007.

A. G. HAMMAN, *Os Salmos com Santo Agostinho.* Loyola: São Paulo, 1992.

A. J. ALMEIDA, *O pão nosso de cada dia.* Humanitas: Marialva (PR), 2012.

_____, *Os diáconos no Novo Testamento. Um mergulho nas fontes,* in REB, abril 2011.

A. I. ARANA, *Para compreender o livro do Gênesis.* Paulinas: São Paulo, 2003.

A. S. BOGAZ, I. SIGNORINI, *A celebração litúrgica e seus dramas. Um breve ensaio de pastoral litúrgica.* Paulus: São Paulo, 2003.

B. CAPELLE, "L'Exsultet paschal, oeuvre de Saint Ambroise", in BERGAMINI, *Cristo festa da Igreja. História, teologia, espiritualidade e pastoral do ano litúrgico.* Paulinas: São Paulo, 1994.

C.H. DODD, *A interpretação do Quarto Evangelho.* Paulus-Teológica: São Paulo, 2003.

F. TABORDA, *O Memorial da Páscoa do Senhor. Ensaios litúrgico-teológicos sobre a eucaristia.* Loyola: São Paulo, 2009.

_____, "'Esperando a sua vinda gloriosa...' Eucaristia, tempo e eternidade", in *Itaici – Revista de Espiritualidade Inaciana* 61, Indaiatuba (SP), setembro 2005.

_____, "Da Liturgia à Catequese. Por uma catequese mistagógica dos Sacramentos", in *Revista de Liturgia* 192, São Paulo, novembro-dezembro 2005.

G. D. MICHELETTI, *Catequese litúrgica: a missa explicada.* Ave-Maria: São Paulo, 2009.

G. D. MICHELETTI, *Como proclamar a Palavra: orientações e técnicas para leitores e animadores*. 2ª ed. Ave-Maria: São Paulo, 2011

G. LUTZ, *Vamos celebrar*. Paulus: São Paulo, 2003.

_____, *O que é liturgia?* Paulus: São Paulo, 2003.

G. RAVASI, *Según las Escrituras. Doble comentário a las lecturas del domingo – Año C*. San Pablo: Bogotá, 2006.

_____, *Secondo Le Scritture. Doppio commento alle letture della domenica – Anno B*. Piemme: Casale Monferrato, 1993.

BUYST, "Como participar da Vigília Pascal", in *Revista de Liturgia*. São Paulo, janeiro/fevereiro 2012.

_____, "Páscoa de Cristo, Páscoa do universo", in *Revista de Liturgia*. São Paulo, março/abril 2010.

_____, *A Missa. Memória de Jesus no coração da vida*. Paulinas: São Paulo, 2004.

_____, *Liturgia, de coração. Espiritualidade da celebração*. Paulus: São Paulo, 2003.

_____, *Celebração do Domingo ao redor da Palavra de Deus*. Paulinas: São Paulo, 2002.

_____, *A Palavra de Deus na liturgia*. Paulinas: São Paulo, 2002.

_____, "Participação do povo na Liturgia Eucarística", in *Revista de Liturgia*. São Paulo, maio-junho 1999.

J. A. DA SILVA, *O Mistério celebrado: Memória e Compromisso I* (Coleção Livros Básicos de Teologia 9). Paulinas/Siquem: São Paulo, 2003.

J. ALDAZÁBAL (comentários), *A Mesa da Palavra I. Elenco das Leituras da Missa*. Paulinas: São Paulo, 2007.

J. CASTELLANO, *Liturgia e vida espiritual. Teologia, celebração, experiência*. Paulinas: São Paulo, 2008.

J. CHITTISTER, *El año litúrgico. La interminable aventura de la vida espiritual*. Sal Terrae: Santander, 2010.

J. D. CROSSAN, *Cuando oréis, decid: "Padre nuestro..."*. Sal Terrae: Santander, 2011.

J. F. FARIA, "Roteiros Homiléticos", in *Vida Pastoral*. São Paulo, maio--junho 2012.

J. I. ALFARO, *O Apocalipse em perguntas e respostas*. Loyola: São Paulo, 1996.

J. J. FLORES, *Introdução à teologia litúrgica*. Paulinas: São Paulo, 2006.

J. KONINGS, *A Bíblia nas suas origens e hoje*. Vozes: Petrópolis, 1997.

_____, *Liturgia dominical. Mistério de Cristo e formação dos fiéis*. Vozes: Petrópolis, 2003.

J. P. ABRAHAMOWICZ, *Tríduo Pascal – Lectio litúrgica*. Ave-Maria: São Paulo, 2010.

J. RATZINGER, "Situação atual da fé e da teologia, México 1996", in CNBB, *Diretrizes Gerais da Ação Evangelizadora da Igreja no Brasil 2011-2015*. Edições CNBB: Brasília, 2011.

J. ZEVINI, *Evangelho segundo João. Comentário Espiritual*. 2ª ed. Salesiana: São Paulo, 1987.

L. A. SCHÖKEL – C. CARNITI, *Salmos II (Salmos 73-150)*. Paulus: São Paulo, 1998.

_____, *Salmos I*. Paulus: São Paulo, 1996.

L. E. BARONTO, *Preparando passo a passo a celebração. Um método para as equipes de celebração das comunidades*. Paulus: São Paulo, 1997.

L. MOSCONI, *Atos dos Apóstolos. Como ser Igreja no início do terceiro milênio?* 2ª ed. Paulinas: São Paulo, 2001.

_____, *Profetas da Bíblia: gente de fé e de luta*. CEB: São Leopoldo, 1998.

M. AUGÉ, *Liturgia: história, celebração, teologia e espiritualidade*. Ave-Maria: São Paulo, 2009.

M. CHESI, "A Palavra de Deus no Tempo Pascal", in *Leccionário Comentado. Regenerados pela Palavra de Deus* – Quaresma–Páscoa. Paulus: Lisboa, 2009.

M. GALIZZI, *Vangelo secondo Giovanni. Commento esegetico-sprituale*. Elledici: Turim, 2006.

M. PIMENTEL, "Celebrar o Cristo, nossa Páscoa, no ritmo atual", in *Jornal de Opinião* 2012.

O. BRANDES, "Eucaristia e amor social: os pobres e a fome", in *Revista Encontros Teológicos*. Florianópolis, 2002.

P. CARPANEDO, "Um tempo para celebrar. O Ano Litúrgico na *Sacrosanctum Concilium* (SC)", in *Revista de Liturgia*. São Paulo, novembro-dezembro 2003.

P. FARNES, *A Mesa da Palavra II. Leitura da Bíblia no ano litúrgico*. Paulinas: São Paulo, 2007.

P. RAMOS, "Meditação litúrgica do Salmo 104. Um canto novo, um louvor!", in *Revista de Liturgia*. São Paulo, maio-junho 2003.

R. E. BROWN, *Cristo en los evangelios del año litúrgico*. Sal Terrae: Santander, 2010.

S. MARSILI, S*inais do Mistério de Cristo. Teologia litúrgica dos sacramentos, espiritualidade e Ano Litúrgico*. Paulinas: São Paulo, 2010.

V. M. GOERDERT, *Ele está no meio de nós. Meditações pascais*. Paulinas: São Paulo, 2003.

V. RYAN, *O Domingo. História, espiritualidade, celebração*. Paulus: São Paulo, 1997.

V. S. COSTA, *Viver a ritualidade litúrgica como momento histórico da salvação. Participação litúrgica segundo a Sacrosanctum Concilium*. Paulinas: São Paulo, 2005.

VV.AA., *As introduções gerais dos livros litúrgicos*. Paulus: São Paulo, 2003.

VV.AA., *Leccionário comentado – Quaresma – Páscoa*. Paulus: Lisboa, 2009.